ALBANIA CIVITAS

HISTOIRE

D'AUBAGNE

Divisée en trois époques principales

HISTOIRE D'AUBAGNE

Divisée en trois époques principales

CONTENANT LA DESCRIPTION DES ANTIQUITÉS DE SAINT JEAN
DE GARGUIER ET DES NOTICES SUR LES ILLUSTRATIONS DU PAYS

Par CÉSAR COURET,

Ancien notaire, ancien administrateur de la marine,
Membre gradué en l'Université de France,
Auteur du *Caractère des Auteurs Français* et autres ouvrages de littérature.

Nescio qua natale solum dulcedine cunctos
Ducit, et immemores non sinit esse sui.
OVID. de PONT.

Je ne sais quel charme nous attache au lieu qui nous
a vu naître et ne permet jamais que nous en perdions
le souvenir.

———◆———

Aubagne

Typographie de MICHEL BAUBER, imprimeur-éditeur.
Rue Saint Mathieu, n: 10.

1860.

Dépôt légal
à la Préfecture des Bouches
Rhône le 27 Juin 1860

M.el Raubelet

Liste des Autorités d'où sont puisés les faits consignés dans l'histoire d'Aubagne.

Jules-César, de commentariis.
Pomponius Mela, de itineribus.
Salluste, de bello Jugurthino. Virg. Geor. Ovid. Met.
Papon, histoire de Provence.
Bouche,   id.
César Nostradamus, fils de Michel,   id.
Ruffi père et fils, histoire de Marseille.
Justin, histoire universelle.
Archives d'Aubagne.
Archives de Saint-Sauveur à Aix, les plus anciennes de la Provence, remontant des comtes de Provence jusqu'aux Bozon.
Notes manuscrites du prieur de Saint-Jean-de Garguier.
        id.   de son neveu, Richelme, dit Massia le naturaliste.
Mémoires de familles contemporaines, etc.
Almanach ecclésiastique, de date antique, avec approbation de l'évêque du temps.
Histoire des évêques de Marseille, par Monseigneur de Belzunce.
Mémoires sur la vie de l'abbé Barthelémy, par lui-même.
Témoignage intuitif des septuagénaires, pour la seconde époque, et des contemporains, pour la dernière époque.

Division de cette histoire en Epoques.

La première époque commence à l'existence des Albices (1), habitant la haute montagne et les côtes de Garde-laban et de l'Etoile, durant le siége de Marseille par Jules-César et se termine à la Révolution Française.

La seconde époque commence l'an 1789 et finit à la Restauration.

La troisième commence en 1814 et a sa ... en 1845.

---

(1) *Albici, barbari homines montes supra Massiliam incolebant.*   Cœs. commentarii.

HISTOIRE D'AUBAGNE.

PREMIÈRE ÉPOQUE.

LA PREMIÈRE ÉPOQUE COMMENCE A L'EXISTENCE DES ALBICES (1) HABITANT LA HAUTE MONTAGNE ET LES COTES DE GARDELABAN ET DE L'ÉTOILE, DURANT LE SIÈGE DE MARSEILLE PAR JULES-CÉSAR ET SE TERMINE A LA RÉVOLUTION FRANÇAISE.

La République de Marseille fondée depuis l'arrivée des Phocéens dans la contrée des Saliens, et fidèle alliée de la République Romaine, avait embrassé le parti de Pompée dans le différent qui s'était élevé entre lui et Jules-César. Ce dernier vint porter le siége à cette ville qui avait formé des liaisons avec les peuples des environs, notamment avec les Albiciens, habitant les montagnes situées au nord-est de la ville; Jules-César les désigne par ces mots caractéristiques *viri montani*, hommes très-robustes et très-dévoués à la nouvelle Phocée, dont le gouvernement populaire, les lois, les usages convenaient à ces peuplades. Les Albiciens issus de la tribus des *Commoni* qui faisaient partie des Saliens, n'étaient point agglomérés en village; ce ne fut que plus tard que les Marseillais les réunirent en un pays qui prit le

_____

(1) *Albici, barbari homines montes supra Massiliam incolebant.* Cœs. Commentarii.

nom d'Albania, soit à cause des bains salutaires qui y furent construits, soit qu'Albania ait en partie tiré son nom des Albiçoi. L'Académie des Inscriptions et Belles-Lettres de Paris écrit et prononce *Albinia, Albinienses*. L'abbé Barthelémy avait longtemps présidé cette Académie. Le monument érigé dans Aubagne en 1828, à la mémoire de l'abbé Barthelémy porte en tête de l'inscription latine : *Albinienses civi suo J.-J. Barthelemy*, etc. Cette inscription a été rédigée par la même Académie. *Imus ad balnea* disaient les Marseillais (1). Toutefois il résulte de toutes les recherches faites par les antiquaires, qu'*Albania* et dans la basse latinité *Aubana* n'a été mentionné pour la première fois dans les actes qu'en 1004. Dans tous les cas le pays d'Aubagne a été considéré comme un faubourg de Marseille, dépendant de cette ville, et comme obéissant et soumis aux dispositions des hauts personnages qui y tenaient le premier rang.

Dans le traité qui suivit la reddition de Marseille, Jules-César joignit à la province d'Arles les pays des Albiciens, ainsi que la côte qu'il avait enlevé aux Marseillais. Malgré la dénégation faite par l'évêque de Belzunce, cette situation géographique est attestée par une inscription découverte dans le quartier de la Crau, et dont nous parlerons plus amplement dans la suite ; il y est écrit : *Pagani pagi lucreti qui sunt finibus arélatentium, loco Gargario etc.* Durant un long espace de temps la population de la vallée de l'Huveaune et des hauteurs qui la dominent vécut éparse dans ses hameaux et ses bourgades.

Vers l'an 720, Charles-Martel vint en Provence au secours d'Arles et de Marseille, Gérard de Roussillon, comte de Bourgogne et de Provence exerce sa puissance : il se disait comte de

---

(1) Papon.

Marseille et autorisé par Charles-Martel, il livre Avignon aux Sarrazins, qui ravagent la province : Charles-Martel les poursuit et les chasse. A cette époque Aubagne bâtit les remparts qui en partie entourent encore la ville vielle, le château et l'église principale. Vers l'an 736, les maures rentrent en Provence s'emparent de nouveau de Marseille, d'Aubagne et des villes environnantes, 40 religieuses se coupent le nez pour éviter le déshonneur ; les hommes et les femmes sont exilés sur les vaisseaux, les enfants et les vieillards sont égorgés.

Environ l'an 850, les Sarrazins se répandent encore aux environs de Marseille et d'Aubagne ; ils pillent et enlèvent tout ce qu'ils voient, mais après avoir tout enlevé chez les habitants, dans les monastères et les églises, ils disparaissent enfin.

En 859, ils reparaissent près des bouches du Rhône, leur flotte est mise en déroute par celle de Marseille commandée par Alboin, alors évêque de Marseille, secondé par Charlemagne, successeur de Pépin-le-Bref, fils de Charles-Martel.

Aubagne et le reste de la Provence continue à être gouvernée sous le régime du droit écrit. Aubagne est la première ville des Gaules qui reconnaît la puissance temporelle des papes conférée à ces pontifes par Charlemagne et avant lui par Pépin-le-Bref; Charles-le-Chauve, fils de Louis-le-Débonnaire, étant roi de France et empereur d'Occident, épousa Bathilde, sœur de Bozon. Celui-ci ayant reçu de son beau-frère le gouvernement de l'Italie et de la Provence érigea la ville d'Arles en royaume. Bozon avait réuni la couronne de Bourgogne à celle d'Arles. Conrad, un de ses descendants par alliance établit des négociations avec Henri 1er, souverain d'Allemagne et depuis ces traités, les rois d'Allemagne prirent le titre de   s d'Arles. c'est pourquoi la ville d'Aubagne est souvent appelée ville impériale dans les anciens actes.

En l'année 1048, l'évêque Pons et son frère Foulque donnent à l'autel de la Sainte Vierge et à celle de Saint Victor de Marseille l'église de Saint Jean, dans la vallée de Gargarie, y possédant des terres cultes et incultes ; *Trademus castreum de abbania cum territorio et pertinensis suis, et duos recettos pro censu ejusdem castri.* Il est dit dans l'acte que : si quelqu'un leur enlève ces biens, il leur en payera le double, qu'il sera excommunié, de plus qu'il soit damné avec Satan et Abiron et avec le traître Judas dans l'enfer inférieur : *Si autem duplum totum non reddiderit, sit excommuniatus ex parte Dei omnipotentis et ex nostrâ parte et ex parte archiepiscopi Arelatensis et insuper sit damnatus cum Satam et Abiron et traditorem Juda in inferno inferiori.* Ces formules étaient en usage à la fin des actes de ce temps-là.

L'église de Saint Jean fut encore enrichie par d'autres bienfaiteurs.

Longtemps après les évêques et le chapitre de Marseille en redevinrent possesseurs et la cédèrent enfin à l'abbesse de Saint Pons sans redevance.

Jusqu'à Jules-César Marseille demeure séparée du reste de la Provence. Depuis Jules-César jusqu'aux enfants de Théodose, jusqu'à Charlemagne, elle vit unie ou désunie suivant les changements éprouvés en Provence. Bozon, roi d'Arles, l'enveloppe dans son royaume. Les descendants du Roi d'Arles eurent en appanage Marseille et plusieurs annexes qui formaient son vicomté, mais jamais la ville ne releva d'un autre souverain que de celui de la Provence.

L'an 1212, la troisième partie des terres d'Aubagne est partagée entre Roncelin, Hugon et Adhémar en suite du jugement du Pape. En 1227, la terre d'Aubagne relevait depuis longues années de l'église de Marseille qui en avait investi les vicomtes sous une cense annuelle. Ces seigneurs l'ayant partagée entr'eux, le tiers de Roncelin avait passé à Hugon de Baux, époux de Barrale. Le chapitre eut la prétention de reprendre cette portion de la terre d'Aubagne, par le motif que l'on avait cessé de payer la cense.

Raymond, prévôt de l'église de Marseille se fait donner une déclaration par Hugon de Baux et sa femme confirmant la vente qui lui avait été passée du château Babon ; cette reconnaissance fut faite dans le château d'Aubagne appartenant alors aux seigneurs de Baux, dans la chambre près la porte d'entrée du château, où la dame était en couches. (Nous avons vu encore cette chambre, aux jours de notre enfance : elle était pavée en mosaïque). Cette charte se termine ainsi : *Actam in castello Albaniæ in stari domini Hugonis de Baucias et domine Barrellete prædictorum in camerâ in quâ domina dicta Barrala jacebat in partu, quæ camera est juxta portam sicut intrata in dicto stari in presentia.* Suivent les noms des témoins.

Charles II, comte de Provence, prince de Salerne marche contre Dom Pedro, roi d'Arragon, qui avait repris Naples et la Sicile : il fut fait prisonnier en 1284, il ne dut sa liberté qu'à une forte rançon, et en livrant des otages pris parmis les gentils-hommes Provençaux. Dans la suite il est obligé de renoncer à d'immenses avantages et il retourna enfin en Provence, où il fit jeter les fondements de la basilique de Saint Maximin, dédiée à la Magdeleine, d'après le vœu qu'il en avait fait étant prisonnier en Aragon.

Charles II mourut près de Naples en 1309 ; il était bon et généreux il fut vivement regretté des Provençaux. On lui reproche comme une coupable complaisance d'avoir favorisé les rigueurs exercées contre les Templiers, poursuivis par Philippe-le-Bel et le pape Clément V, condamnés au concile de Vienne en 1311 et brûlés vifs l'année suivante.

Robert, l'un de ses 14 enfants fut l'héritier de ses États : il fut surnommé le bon et le sage.

Vers l'an 1360, l'empereur Charles IV ordonne la suppression de la messe des fous que l'on célébrait dans toute la Provence aux jours de grande solennité de l'église. La ville d'Aubagne s'y distinguait surtout à cause du caractère gai de sa population. On ouvrait la porte du temple, la foule s'y introduisait en désordre : on créait en tumulte un pape, un archevêque, un évêque des fous ; ils officiaient pontificalement et donnaient leurs bénédictions aux assistants, qui dans ce temps se livraient à mille extravagances. Les uns priaient avec imprécations ; les autres chantaient des chansons obscènes, se livraient à des danses où l'on célébrait les mystères de Vénus. Ces chants et ces danses étaient exécutées par les laïques, les lévites et les femmes confondus pêle-mêle. Là, on buvait, on jouait aux cartes, aux dés sur l'autel. L'un tirait les cheveux ou les oreilles de celui qui célébrait la messe. Au lieu d'encens, on brûlait de vieilles savates, approchant l'encensoir du nez du célébrant, etc., etc. (1)

C'est vers ces temps-là que Edgard de Villeneuve rédige contre la nation israélite un code que rejette l'humanité et qui était ponctuellement exécuté dans nos contrées mêmes. Après les sermons auxquels on soumettait les juifs, on les obligeait à répondre par un *amen* aux souhaits suivants :

Si tu es coupable et que tu parjures le nom de Dieu et sa loi,

---

(1) Pap. hist. de Prov.

que Dieu t'envoie la fièvre continue, tierce, quarte ; qu'il verse sur toi et sur tes yeux la détresse de l'âme !... Le juif répondait : *amen*. Que tes ennemis mangent tous tes profits, que Dieu envoie sur toi sa colère ! Puisses-tu faiblir devant tes ennemis ! Que tes ennemis aient sur toi tout pouvoir, et que tu fuie sans cesse, sans jamais être poursuivi par personne ! — *Amen*.

Si tu parjures les sacrements, que Dieu brise tes forces et tes facultés, qu'il dévaste ta maison, qu'il déchaîne contre toi des bêtes féroces, et qu'il mette tes ennemis au-dessus de toi ! ! — *Amen*. Que Dieu suspende sur ta tête le glaive de la vengeance et te donne la peste ! Qu'il enlève la substance du pain dont tu te nourriras, pour que tu puisses manger sans être jamais rassasié ! — *Amen*. Si tu es parjure, puisses-tu dévorer la chair de tes enfants ! Que Dieu puisse détruire ton cadavre, et amener la mort la plus cruelle sur tes enfants ! — *Amen*. Que Dieu place ton habitation dans un désert! Qu'il renverse ton sanctuaire! Qu'il te fasse disparaître de la terre, et que tes ennemis s'emparent de ta maison, qu'ils corrompent ta femme, que Dieu te disperse sur la terre et que tout le monde te méprise ! — *Amen*. Que le glaive de la mort te suive ! Que Dieu te pénètre d'un ennui rongeur et d'une crainte qui te fasse fuir au bruit de l'agitation des feuilles des arbres, comme si le glaive te poursuivait ! — *Amen*. Vis errant parmis les nations, meurs dans la terre de tes ennemis, et que la terre s'entrouve pour t'engloutir et te dévore comme Satan et Abiron ! — *Amen*. Et si tu es parjure que Dieu rende ton cœur méchant, que tous les péchès, tous les péchés de tes parents, toutes les malédictions qui sont écrites dans les livres de Moïse et des prophètes pleuvent sur ta tête ! ! ! — *Amen, amen, amen*.

L'abbaye de Saint Pons se réunit à l'abbaye d'Hières. De là, les revenus que l'église de Saint Jean payait annuellement aux religieux d'Hière.

En 1343, mort du duc de Calabre, fils de Robert. Sa fille Jeanne devient reine des Deux-Siciles et comtesse de Provence. Elle est fiancée à André de Duras dès son enfance. André est rigoureux observateur de la justice et Jeanne ne respire que les plaisirs et le libertinage. André est assassiné ; Jeanne est soupçonnée de ce crime. Le frère d'André, roi de Hongrie exerce ses cruautés pour découvrir l'auteur de ce crime. Jeanne épouse en secondes noces Louis, prince de Tarente. Elle est absoute par la cour pontificale d'Avignon.

Par son testament du 23 juin 1380, la reine Jeanne institua pour son héritier universel du royaume de Naples et du comté de Provence, Louis d'Anjou, son mari, Charles de Duras en fut outragé ; il lève une armée, il se rend maître de Naples et de la reine Jeanne qu'il fit étrangler le 22 mars 1382.

De là s'ensuivit des guerres civiles dans toute la Provence, et notamment à Aubagne que la peste de 1416 avait déjà ravagé.

Le 2 février 1435, mourut Jeannelle qui appela au comté de Provence, Réné d'Anjou, né le 10 juillet 1408. Ce modèle des bons rois avait épousé Isabelle. Il était philosophe, bon peintre, ingénieux poëte et habile musicien. Il aimait Aubagne, son magnifique terroir et se plaisait fort dans son château, d'où son regard se portait au loin dans les champs fertiles qu'arrose l'Huveaune.

Jusqu'en l'année 1468, la baronnie d'Aubagne appartenait aux comtes de Provence qui la tenaient depuis le roi Bozon. Le bon roi Réné céda cette baronnie à l'évêque Allardeau, qui siégeait alors à Marseille.

Le 20 février 1473 il envoya cet évêque en possession du château d'Aubagne dont il reçut les clefs et celles de la ville. Avant cette cession, le roi René avait donné la jouissance de la baronnie d'Aubagne à la reine Jeanne : il était donc nécessaire qu'elle y censentit, ce qu'elle fit par acte reçu aux écritures de M° Chaussegroz, notaire. Cette déclaration est ainsi conçue : (1)

« Jeanne, par la grâce de Dieu, Reine de Jérusalem et de Sicile, d'Arragon et l'isle de Sicile, Valence, Mayorque, Sardaigne, Carresgne (Corse), duchesse d'Anjou, de Bar, comtesse de Barcelonne, de Provence, de Forcalquier, etc., à notre amé et féal receveur en nos seigneuries de Provence, maître Urbain Chaussegroz, salut : Comme nous avons longtemps possédé la baronnie d'Aulbaigne par le don et octroi que nous en a fait Monseigneur, et soit que mon dit Seigneur désirant icelle baronnie recouver pour la bailler à Révérend père en Dieu notre amé et féal conseiller évêque de Marseille, pour en avoir de lui par échange les châteaux de Saint Cannat, etc., etc., pour en avoir tous les droits et dépendances, en nous baillant pour récompense la châtellenie de Mirabeau en notre pays d'Anjou, nous a benignement requise de ce être contente ; savoir faisons que nous inclinant toujours au bon plaisir de mon dit Seigneur, confiant à plein de vous Seigneur, séance prudhomie et bonne intelligence, vous avons commis et député par ces présentes vous commettre et députer vous transporter audit lieu d'Aulbaigne..... Vous mettre semblablement en possession et sayoine ledit évêque, de ladite baronnie d'Aulbaigne et des châteaux, terres et seigneuries qui en dépendent, etc., etc.

L'original en langue latine porte ce préambule :

---

(1) Charte traduite en français portant *Aulbaigne*, et les originaux en langue latine *Albania*.

Serenissima et inclyta domina nostra, domina Johanna, Dei gratiâ dictorum regnorum, etc., etc.

Depuis cette année 1473, la baronnie d'Aubagne appartint sans interruption aux évêques de Marseille, habitant le château d'Aubagne jusqu'au jour où les titres de noblesse et tous les droits féodaux furent abolis par l'Assemblée constituante, dans la nuit du 4 août 1790. Monseigneur de Belloi fut le dernier baron d'Aubagne. Il abandonna la maison de plaisance qu'il avait fait bâtir à Aubagne et qui fut pillée un an après (1792). Il se retira dans sa province et sous l'Empire il fut promu au cardinalat et à l'archevêché de Paris, et mourut âgé de 100 ans en 1812.

On ne sera pas fâché de voir ici l'état des barons d'Aubagne, passé ensuite aux évêques de ce diocèse depuis l'an 1164 jusqu'à la Révolution française, et l'époque de leur avénement.

Etat généalogique des barons d'Aubagne

L'empereur Frédéric troisième du nom, dit Barberousse qui inféoda la baronnie à l'église épiscopale de Marseille, et à l'évêque nommé Pierre, à la redevance de deux sesseques, l'an 1164.

La dite inféodation fut confirmée par Henry sixième, son successeur en 1180, et par son fils Frédéric, son successeur, l'an 1200, au chapitre de l'église de Marseille, lequel l'inféoda à Barral des Baux, en 1200.

Guillaume des Baux, comte d'Avvelin, mort en 1251.

Barral des Baux.

Bertrand des Baux, en 1300 et 1400.

Hugon des Baux, en 1324.

Raymond des Baux, en 1366.

François des Baux, en 1379.

Elipide des Baux, épouse d'Odo de Villars, comtesse d'Avvelin est la dernière de la famille des Baux, en 1426.

Louis III, roi de Jérusalem et des Deux-Siciles, comte de Provence prit sous sa protection et sauve-garde ladite baronnie l'an 1426.

Charles de Castillon, en 1437.

Réné de Castillon, son fils, en 1460.

Réné, roi de Naples, Sicile et Jérusalem, comte de Provence et d'Anjou, qui l'acheta du susdit pour 9000 fr. et la remit à son épouse Jeanne de Laval, pendant sa vie.

Jeanne de Laval épouse du roi Réné, en 1461.

Les évêques de Marseille.

Messire Jean Alardelli, par le moyen de l'échange fait pour Saint Cannat, Allenalboe, avec le roi Réné, en 1473.

Messire Ogier Danglure, en 1497.

Messire Antoine de Surno, en 1508.

Messire Claude de Seisselle, en 1515.

Messire Innocent Cybo, cardinal, en 1518.

Messire Pierre de Raguenau, en 1545.

Messire Frédéric de Raguenau, en 1574, assassiné à Signe, en 1603.

Frère Jacques de Turicelle, florentin de l'ordre du Saint François, en 1603.

Messire Artus de Pinoy, conseiller du Roi en ses conseils et commandeur de ses ordres, en 1618.

Messire François de Lomenie, en 1626.

Messire Eustache de Gault, mort à Bordeaux sans venir prendre possession de son évêché et baronnie.

Messire Jean-Baptiste de Gault, de la congrégation de l'Oratoire, en 1640, frère du susdit.

Messire Pierre de Puget, en 1642.

Messire Toussaint de Fourbin, cardinal de Janson, en 1660, et nommé à l'évêché du comté de Bauvais.

Messire Jean-Baptiste d'Estampes, en 1670.

Messire Charles François Guillaume de Vingtimille du Luc, en 1680.

Messire Bernard de Pondeu, en 1709.

Messire Henry François Xavier de Belzunce de Castelmorán, en 1710.

Messire Jean-Baptiste de Belloi, en 1735, il quitta Aubagne et l'évêché en 1791 ; il est mort à Paris étant cardinal et archevêque, âgé d'un siècle.

Depuis longtemps Aubagne était du domaine de l'Empereur. En 1164, l'Empire était gouverné par Frédéric Barberousse, il avait eu de grandes discussions avec le pape Adrien IV et il soutenait le schisme soulevé par l'antipape Victor. Pierre évêque de Marseille profita de ces circonstances pour faire confirmer par l'Empereur, comme il l'avait fait par le Saint-Siége, les priviléges et les possessions des biens de son église, Aubagne fut compris dans cette dépendance avec ses deux recettes ou droit de repos et d'Auberge : *Castrum de Aubaniá cum territorio et pertinentis suis et duos recettos pro censu ejusdem castri.*

Le Bausset était compris dans la seigneurie d'Aubagne, et cité souvent dans les chartes de ce temps, il est à remarquer que l'on écrivait le *Baucet* par un *c*, que dans la suite l'on a écrit mal à propos par deux *ss* et que depuis quelques temps l'on a poussé l'inconvenance jusqu'à l'écrire par *eau Beaussel* : dans une bulle d'Anastase IV, du 30 décembre 1152, on appelle et on écrit ce lieu *Balcetum*.

Tout le monde sait que dans l'idiome provençal la lettre *l* est changée en diphtongue *eou, aou, hôpital espilaou, Michel Micheou*, etc. Le *Balcet* est un diminutif du petit *Baou*, éminence ou était située le Bausset vieux d'où la population s'est créé un séjour nouveau dans la plaine, comme il est arrivé de tous les pays bâtis sur des hauteurs avant le XV° siècle.

Au commencement du XIII° siècle, l'évêque Raynier et le chapitre de la Major vendent à Garcende la maison de Saint Pohs, peu de temps après ce couvent est supprimé à cause de relâchement : il n'était pas possible que de jeunes filles n'éprouvassent de fortes distractions dans un des plus beaux sites qui embellissent le globe.

En 1443, une peste horrible sévit en Provence.

Réné meurt le 10 juillet 1480 ; il institue pour son successeur Charles d'Anjou qui prit le nom de Charles III. Celui-ci meurt sitôt après avoir institué pour son héritier Louis XI.

La Provence est réunie à la France.

Nouvelle peste en 1483.

Louis XII institua le parlement de Provence, en juin 1501.

Nouvelle peste en 1503, Aubagne reste presque désert.

François Ier et Léon X font un concordat qui sert de base aux droits de l'église Gallicane. C'est sur ce concordat que Bossuet, sous Louis XIV, établit les quatre fameuses propositions de 1682, et que fut fondé en 1791 le serment civique des prêtres de ce temps.

La seigneurie de Cuges comme membre de la baronnie d'Aubagne avait été déjà donnée en arrière fief à la maison de Glándevès. En 1475 elle était possédée par deux frères de cette maison, Pierre et Elzéar : celui-ci rendit hommage à l'évêque en son nom et au nom de son frère, dans l'église de Saint Martial près d'Aubagne, disent les historiens. Il est à présumer que c'était la chapelle de *Bonnes Nouvelles*. *Actum in ecclesiâ beati Martialis extra locum Albaniæ*. C'est là que Elzéar de Glandevès rendit hommage à l'évêque baron d'Aubagne : *flexit genibus, capite decooperto et absque zonâ*.

En 1480 la peste dévaste Aubagne et toute la Provence.

Charles-Quint arrive en Provence, Marseille aidé de ses enfants d'Aubagne lui résiste. La doctrine de Luther fait des progrès en Provence, Aubagne demeure ferme dans la religion de ses pères. François 1er séjourne quelques temps en Provence, il admire le territoire d'Aubagne ; de là il va à la Sainte Beaume. Henri II marié en Provence avec Catherine de Médicis lui succède. François II règne. Les troubles de religion vont toujours croissant en Provence ; Charles IX lui succède en 1562, horreurs commises sur les biens et les personnes des religionnaires ; Aubagne reste pur. Le 24 août 1572, s'exécute le massacre de la Saint-Barthelémy, malgré la résistance du comte de Tende gouverneur de province, plusieurs protestants furent immolés à Marseille et à La Ciotat. Charles IX fait une triste mort.

En 1575 Henri III, roi de Pologne est couronné roi de France.

Le duc de Guise organise la Ligue.

En 1580, une peste décime la Provence, elle dure huit ans.

Devins est chef de la Ligue en Provence. Doriez, consul à Marseille commande le pillage et les massacres sous prétexte de religion. Tout ce qu'il y a d'honnête à Marseille vient se réfugier à Aubagne. L'évêque même ne quitte plus son château d'Aubagne. Un Marseillais nommé Bauquier, se met à la tête des honnêtes citoyens de Marseille et d'Aubagne, se saisit de Doriez, ce grand criminel est jugé et pendu sur le champ.

L'an 1579, la reine mère (Catherine de Médicis) se rendit en Provence pour appaiser les guerres causées par les troubles de religion. Elle y parvint, mais tandis que l'on commençait à goûter les douceurs de la tranquillité, Marseille et ses environs furent frappés de deux terribles fléaux : la peste et la famine.

Ceux qui étaient atteints de la peste tombaient en frénésie ; la plupart se jetaient des fenêtres dans les rues. Les pays environnants n'y portaient plus aucune provision, soit parce qu'ils craignaient la contagion, soit qu'ils en fussent déjà atteints. Les pauvres broutaient l'herbe, marchaient dans les rues comme des fantômes, y tombaient d'inanition et y mourraient de faim. L'épidémie se calma, mais dans l'année suivante il y eut recrudescence. L'émigration rendit la ville presque déserte, tout s'enfuit dans les champs, aux infirmeries 30 mille âmes succombent à la fureur de ces fléaux. Aubagne, si voisine de Marseille ; Aubagne, la fille et la pourvoyeuse de cette grande cité, partage ses infortunes. Les trois quarts de sa population furent enlevés, le reste s'enfuit et alla s'établir sur les côtes aérées de Gardelaban et dans le quartier salubre de Solans (1).

En 1587 Henri III se déclare chef de la ligue. Le duc d'Epernon effrayé de la peste de cette année, quitte la Provence. Cazault, tyran de Marseille dont il était cousul, pénétrait dans les maisons qu'il croyait suspectes, y commettait des assassinats, s'emparait des meubles, et empoisonnait les sources : il espérait conserver ainsi par ses excès la ville de Marseille à un roi catholique ; cette tyrannie dura six ans ; Lavalette, gouverneur de la

(1) La campagne de l'auteur de cette histoire recevait les convalescents et est encore nommée dans les actes publics l'*Infirmière*.

Provence s'empare d'Aubagne. L'évêque Frédéric Ragueneau, attaché au service du roi Henri III va rejoindre Lavallette, ils se retranchent dans le château d'Aubagne avec une forte garnison que grossissaient les habitants d'Aubagne.

Durant cet intervalle, Henri III fut assassiné par Jacques Clément. Les Marseillais refusent de reconnaître son successeur, Henri IV, qui était du parti des Calvinistes. Cazault et Louis d'Aix établissent une tyrannie, sous prétexte d'établir la république de Marseille, sous l'état et royaume de France : *Christianissimum hanc rempublicam Massiliensum sub statu et regno Gallio comprendam.*

Le 25 juillet 1593, Henri IV abjure solennellement, mais la plupart des rebelles ne rentrent point dans le devoir : tels étaient les duumvirs Cazault et Louis d'Aix.

Le comte de Carère joint à Cazault, à la tête de leurs troupes, vient assiéger Aubagne, resté fidèle au roi Henri IV. Le commandant Bellac et le capitaine Mollet d'Aubagne, secondés par les principaux Aubagnens leur opposent une résistance héroïque. Ils sont obligé de lever le siége. Devins les ramène. Lavalette qui commandait le château, se replie avec ses troupes sur Toulon.

Aubagne resté sans défense est pris. Le capitaine Mollet d'Aubagne et autres Aubagnens qui avaient courageusement soutenu le parti du roi Henri IV, furent pendus sur la place du château.

Lavallette meurt et est remplacé par Lesdiguière. Libertat, ami intime de Cazault médite sa perte : les plans sont arrêtés avec le duc de Guise et Nicolas de Baussel, dans la maison de ce dernier, située à Aubagne, rue Laget vis-à-vis l'ancienne maison de ville (1).

_____

(1) Ces deux maisons subsistent encore.

Il fut convenu que le 18 février 1596, Guise se trouverait avec ses troupes aux environs de la porte royale, située dans ce temps à l'entrée de la rue de Fabrice, place Marone. Le gouverneur se rendit d'Aix à Toulon pour cacher sa direction. Il s'empara de quelques villes voisines et vint ensuite investir le fort de Notre-Dame-de-la-Garde. Il arrive le 16 février à Aubagne chez Monsieur de Bausset. Libertat explique son projet, tous jurent de le soutenir. Le 18, à l'aurore la porte royale s'ouvre, un minime déclare avoir vu près de Marseille les troupes royalistes. Cazauls et Louis d'Aix étaient présents ; celui-ci sort avec vingt hommes armés, voir le détachement annoncé. La herse tombe, Cazauls arrêté entre les deux guichets, est massacré par Libertat. Malgré quelques mouvements que fit le fils de Cazauls avec ses partisans, tous les corps de garde se joignent aux soldats royalistes et Marseille et Aubagne sont rendus libres aux cris de Vive le Roi !

La peste de 1599, ravage de nouveau Marseillle et Aubagne. Le palais épiscopal de Marseille était détruit depuis le siège de cette ville par le duc de Bourbon ; c'est pourquoi les évêques du diocèse demeuraient constamment dans leur château d'Aubagne. En 1630, une peste horrible, apportée de Lyon, ravage toute la Provence. Marseille fut abandonné et Aubagne resta désert.

En 1647, les consuls d'Aubagne cédèrent provisoirement la chapelle de Saint Roch à trois religieuses et à une novice du monastère du Petit-Puits pour venir fonder à Aubagne un couvent et une église. En arrivant elles furent logées dans une maison du quartier de l'Afferrage (1).

Deux ans après elles achetèrent de Blanche Feric, leur pré-

---

(1) La maison de mon grand-père Richelme, appartenant à son bisaïeul.

tendante, une maison au quartier de Saint-François et sur le rapport de messire Pierre de Saigneuret, vicaire perpétuel d'Aubagne, l'évêque de Puget leur accorda la permission de bâtir le monastère et l'église.

Ogier d'Englure, évêque avait donné à nouveau bail les fours d'Aubagne à la Communauté par acte du 9 avril 1506. Cinquante ans après, l'évêque Ragueneau avait permis aux consuls d'Aubagne de faire des defons sur des terres qui furent désignées. En 1682, Frédéric Ragueneau son successeur avait donné à nouveau bail les moulins à blé, à la même Communauté, moyennant la cense annuelle de cent charges de blé, en se réservant, comme ses prédécesseurs, tous les droits seigneuriaux sur ces moulins et sur tous ceux que l'on pourrait faire dans la suite. Mais la Communauté étant obligée de payer ses dettes, vendit en 1640, les fours, les moulins et les défons; les fours et les défons vendus aux enchères publiques, échurent à la dame de la Regnarde, veuve du noble Philippe de Felic, pour le prix de 31,977 fr. 10 c. et les religieuses Ursulines devinrent adjudicataires des moulins qu'elles remirent bientôt à la Communauté.

Vers ce temps-là (1649), la peste ravage de noúveau la ville d'Aubagne et ses environs.

Les partis pour cause de religion s'étendent peu à peu dans toute la Provence, dans chaque communauté, dans chaque famille. Le duc de Mercœur, gouverneur de Provence exerce ses rigueurs. L'an 1650, Louis XIV est décidé à étouffer tous désordres; il vint en Provence l'an 1660; après avoir visité Arles, Aix et quelques autres villes, il vint coucher à Aubagne au château de l'évêque. De là il se rend à la Sainte Baume. A son retour du Saint-Lieu, il entre à Marseille en faisant brèche au rempart : il emporte la ville, se rend sur les hauteurs de Saint-Victor et se trouvant sur l'éminence de Saint-Nicolas, il ordonna de bâtir une citadelle, *pour avoir disait-il, lui aussi sa* BASTIDE *à Marseille.*

Le fameux Annibal Camour travailla à cette citadelle à l'âge de 102 ans, il mourut âgé de 122 ans.

En 1707, le duc de Savoie vient assiéger Toulon avec 45,000 hommes. Monseigneur de Grignan, beau-fils de notre célèbre madame de Sévigné, âgé de 75 ans, envoie sa vaisselle à l'hôtel des monnaies et vole accompagné des Marseillais et des Aubagnens au secours de Toulon.

En 1720, puis en 1721, la peste apportée à Marseille de Seyde, exerce ses fureurs dans Marseille, Aubagne, Aix, Martigues. Monseigneur de Belzunce donne l'exemple d'un généreux dévouement dans Marseille et dans Aubagne, son séjour ordinaire. Aubagne perdit plus de 3,000 habitants. La chapelle des Pénitents noirs, dont nous aurons à parler dans la suite, servait d'hôpital aux pestiférés. Les victimes du fléau étaient enterrées aux environs de la chapelle. Le petit cimetière de cette époque était insuffisant. La Ciotat et Roquevaire ne furent pas atteints par le fléau (1).

Le temps qui s'écoule de 1721 à 1789, commencement de la seconde période de cette histoire est l'époque la plus remarquable pour cette petite cité.

D'abord, les mariages se multiplièrent d'une manière ravis-

---

(1) En 1721 au mois de septembre, lors de la rechute du fléau de la peste, les consuls de la ville s'assemblèrent dans le couvent des sœurs Ursulines et créèrent à perpétuité la Fête Votive, appelée vulgairement le *Vœu des Consuls*: il fut décidé que tous les ans, au dimanche du Saint-Nom de Marie, la ville entière et toutes les corporations formeraient une procession générale suivie d'une amende honorable, pour la cessation définitive du fléau, et la consécration de la ville au Cœur de Marie.

santé : il semblait que l'on s'empressait à l'envi à réparer les pertes causées par le funeste fléau, et bien des causes qui survinrent dans un temps d'un calme général favorisèrent à un tel point le caractère jovial des habitants, le rendirent estimable sous plusieurs rapports et un des plus aimables pays de la Provence.

Eu 1560, un débordement extraordinaire de l'Huveaune emporta jusqu'aux fondements le moulin à farine situé entre-château. Cette usine bannale appartenait aux seigneurs du pays. On la reconstruisit sur la droite de la route d'Aix, à peu de distance de la ville, c'est le moulin qui existe encore de nos jours : il reçoit la force motrice du canal d'irrigation dont il est parlé à l'article Beaudinar, En 1687, on construisit le moulin appelé *neuf*, à un prochain voisinage par-dessus l'ancien auquel il transmet ses eaux.

En 1779, l'ancien cimetière qui faisait autrefois partie du cimetière Saint-Michel, situé sur l'esplanade des aires, en fut séparé pour faciliter les communications des lieux ; cette même année il fut transféré sur un terrain acquis par la communauté à l'extrémité nord-est des secondes aires, au point le plus aëré de la localité.

Le dernier corps enseveli dans le vieux cimetière ainsi abandonné, avait atteint l'âge de 92 ans ; et le nouveau cimetière d'alors reçut pour premiers habitants, deux jeunes innocents d'une année (1).

_____

(1) L'un était mon frère aîné et l'autre mon cousin germain.

Evènements supplémentaires, Fondations, Erections en la ville d'Aubagne durant la première période de son histoire

Depuis sa fondation l'église d'Aubagne n'était qu'une succursale de la paroisse de Marseille. En 1164, elle fut érigée en paroisse sous le vocable de Saint-Sauveur.

Par actes des 9 avril et 21 mai 1346, il a été donné à prix fait à Pons Castellan la facture de la tour et des degrés et visette du clocher d'Aubagne, pour le prix de 180 florins, dont un tiers payé par le prieur et les deux autres tiers par la commune d'Aubagne.

Par acte du 15 juin 1551, notaire Mottet, acte de prix fait pour la bâtisse de la flèche du clocher, délivré par les consuls et messire Pierre Bouquier à Robert Mille, maçon pour le prix de 34 écus d'Orsal.

Les pères observantins furent établis le 24 mai 1610, ils eurent la chapelle de Saint Roch, près de laquelle ils furent logés jusqu'au 20 avril 1613 qu'ils bâtirent le couvent de l'Observance, l'église et le clocher triangulaire.

Les religieuses de Sainte Ursule furent fondées le 1er juillet 1632. Il y avait autrefois à Aubagne un couvent de Bernardines, il fut supprimé par l'évêque.

Les pénitents noirs fondés par les Chevaliers de Saint-Jean-de-Jérusalem, sous le titre de la décollation de Saint Jean-Baptiste, ont été établis à Aubagne par les pénitents noirs de Marseille, le 8 mai 1551 et placés ensuite dans une chapelle bâtie sur l'emplacement du cimetière de Saint Michel, le 4 avril 1703.

En 1704, la chapelle fut ornée d'un tableau formant le plafond, véritable chef-d'œuvre de l'art. Durant le règne de Louis

XV, on l'embellit de 8 magnifiques tableaux représentant diverses phases de la vie du Précurseur.

En 1792, une loi impie ayant supprimé les confréries, ces 8 tableaux furent transportés à l'église de l'Observance, où se tenait l'assemblée populaire qui les respecta tout le temps des grands orages révolutionnaires. En 1798, ils ont été placés à l'église paroissiale, d'où la conscience du clergé devait les rendre à leur légitime destination.

Ces tableaux sont la propriété des particuliers dont les noms frappent encore les yeux. Ils appartiennent aux Chaulans, aux Déprats, aux Taurel, aux Richelme, aux Magnan, aux Isnard, etc., etc. Les familles ne les ont pas réclamés dans un temps où il était licite de briser les autels ; mais, peut-on les retenir aujourd'hui ?.... Leur exposition hors la chapelle des noirs est un scandale révoltant, anti-chrétien.

Le plafond ayant été vendu a été racheté et rendu à la chapelle par le vénérable curé Chauvet, de précieuse mémoire.

En 1785, monsieur Tourneau, père d'une des plus belles et des plus honorables familles du pays, fournit la somme de 6,000 francs pour élever la façade qui décore la chapelle, véritable chef-d'œuvre de sculpture, imitation en diminutif du Panthéon d'Athènes ; elle est due au crayon de Richelme le chirurgien, peintre, architecte et naturaliste, il était l'auteur de l'Agneau de l'Apocalypse, placé en bas-relief au fronteau de cette façade d'ordre Composite, formant l'union de l'Ionique et du Corinthien.

Tout le jour il assistait à l'exécution de son plan, sa canne indicatrice à la main droite et occupé de sa gauche à soutenir ma débile enfance (1). Ses yeux fixés sur tous les ouvriers, surtout

(1) J'étais alors âgé de 3 ans.

sur le sieur André Remuzat, exécutant ce beau travail ; il était aussi habile maçon que fervent pénitent noir. C'est lui qui a régénéré les pénitents noirs de Marseille après les orages révolutionnaires.

Ce Richelme, neveu, dont il sera parlé au chapitre des illustrations d'Aubagne, fut le grand *Zélateur* des pénitents noirs, comme l'avait été avant lui monsieur Camoin, dit le *Gravé*, et comme le furent après Richelme, les membres de la famille Baubet, dont un des frères, Vincent l'aîné, était une bibliothèque parlante. Le grand zélateur des pénitents blancs fut monsieur Barthelémy dit le *Saint-Esprit*, mort de douleur en 1794, à la vue de la suppression de la chapelle des blancs qu'il avait fondée.

La confrérie des pénitents noirs occupée des grandes solennités, formait les jeunes frères aux chants de l'église, à la musique sacrée, déployant tout son appareil pour relever l'éclat de ses fêtes, entretenant même des sociétés particulières, dans la ville, sous le nom de *Chambrées*, pour l'exercice et les répétitions des chœurs. Elle aurait pu négliger les actes de bienfaisance, les œuvres pieuses qui font l'objet des sociétés saintes, pour suppléer à ce devoir important, les pénitents noirs, à frais communs, fondèrent la congrégation des pénitents gris ou *Bourras*, sous l'invocation de Notre-Dame-de-Miséricorde et de Saint-Joseph, le 4 juillet 1672. Il fut convenu par les statuts que tous les cinq ans, 72 pénitents noirs seraient délégués à la chapelle des pénitents gris, pour se livrer entièrement aux œuvres de miséricorde, enterrer les infortunés, distribuer des secours, etc,. etc.

A l'expiration des cinq années, les 72 délégués rentraient dans la société maternelle et étaient remplacés par 72 autres pénitents noirs.

Ces chambrées de pénitents étaient des réunions de ce qu'il y avait de plus distingué dans la ville : les sujets les plus instruits y présidaient. Là on ne s'entretenait que de sciences et de littérature. Les habitants les plus notables par leurs talents et leurs richesses, y ont siégé; c'était une excellente école pour les amateurs et la jeunesse. Les ecclésiastiques s'y rendaient, notre immortel abbé y donnait l'élan, surtout pour la science musicale; il le mentionne dans ses mémoires.

Les pénitents blancs, sous le vocable du Saint-Esprit, furent établis à Aubagne, le 14 juin 1624, derrière l'église de l'Observance, tournant dans la rue longue, où ils ont demeuré jusqu'à 1750. Alors ils bâtirent la vaste chapelle qui existe en dessous de celle des pénitents noirs. Pour l'érection de ce beau monument ils furent dirigés par des architectes italiens attirés à Aubagne. Douze statues en pied représentant les douze apôtres étaient placées à distance égale au dessus de la boiserie de chaque côté du vaisseau, quatre hautes colonnes s'élevaient dans le chœur pour soutenir le dôme. Les 4 évangélistes étaient placés avec leurs attributs dans les espaces des colonnes, et, dans le fond du chœur figuraient les 4 grands docteurs, de grandeur naturelle : c'étaient Saint Augustin, Saint Jérôme, Saint Ambroise et Saint Grégoire. Sous le dôme où s'élevait l'autel, on lisait en grands caractères tracés sous l'entablement : *Pavite ad sanctuarium meum :* Tremblez à l'approche de mon sanctuaire.

Cette chapelle servait de grange, durant le siège de Toulon (1793).

Tout ce qui appartenait à la sculpture et à la belle architecture fut dégradé et détruit.

Dans ce même temps la chapelle des noirs fut changée en étable pour les troupeaux de bœufs que l'on nourrissait pour alimenter les troupes française fesant le siège de Toulon. La chapelle des pénitens gris eut moins à souffrir que les autres : elle contenait le dépôt des avoines, des fèves et du son pour fournir à la cavalerie du siège et aux innombrables bêtes de somme qui y étaient employées pour les transports.

Le jour où l'on bénit la chapelle des pénitents blancs, pour augmenter l'éclat de la fête, on tourna un bœuf entier à la broche et l'on fit couler de vin les fontaines.

La chapelle des pénitents blancs frappait la vue par la grandeur et la noble disposition de sa forme, mais elle laissait beaucoup à désirer à l'imagination déjà frappée par sa nudité et l'absence des accessoires, surtout lorsque l'esprit la comparait à la riche magnificence que décorait sa sœur et sa rivale *Ad majorem Dei gloriam.*

Encore la foudre qui, le 29 novembre 1779, frappe le clocher, et l'église paroissiale avait déjà enlevé aux pénitents noirs leurs ornements les plus précieux, qui durant l'absence des fêtes, étaient conservés en dépôt dans la chapelle de Sainte Anne, où le tonnerre pénétra pour tout réduire en cendres, excepté le buste en argent de Saint Roch qui fut transporté sain et sauf sur le dernier gradin du maître autel, la face tournée vers le tabernacle.

Les religieuses de Sainte Ursule ont été établies à Aubagne, le 1er juillet 1632.

Il y avait autrefois à Aubagne un couvent de religieuses Bernardines qui fut supprimé par l'évêque. L'hôpital de Sainte Catherine était destiné aux femmes pélerines depuis l'année 1416, il a été uni à celui de Saint Honoré, le 13 mars 1696. La chapelle avait été bâtie l'an 1684. Dans la ville il y avait encore la chapelle de Notre-Dame-d'Espérance fondée l'an 1390; celle de Saint Roch, fut fondée l'an 1547; la chapelle du tiers ordre de

Saint Dominique, sous le titre de Sainte Rose. Elle a été démolie dans la Révolution, elle datait de 1674; elle portait sur la porte cette inscription : *Sacellum Sancti Dominici*. Enfin, la ville possédait encore la belle, florissante et très-nombreuse congrégation des filles du Saint Enfant Jésus, qui commença l'an 1682 et a été supprimée, sans doute par quelque intrigue de sacristie, en 1843.

Dans ces derniers temps et durant une longue suite d'années, une demoiselle d'une famille distinguée du pays, Mlle Miette Ramel, modèle de toutes les vertus chrétiennes, qu'embellissait encore une politesse exquise, fruit de son éducation domestique, avait été choisie par acclamation, mère perpétuelle de cette association de vierges; à sa mort elle fut remplacée dans cette voie sainte par ses deux nièces, Mlles Camoin, héritières de ses rares mérites et surtout de son zèle ardent, de son dévouement à toute épreuve pour la propagation d'une institution aussi antique et aussi fertile en œuvres édifiantes. La vie cloîtrée n'offrait pas plus de modestie touchante, de pratiques pieuses et secrètes. Que de charmes offerts à la mondanité qu'elle fuyait !

Autrefois la population d'Aubagne portée à la dévotion se rendait à la chapelle de Saint Pierre, premier patron de la ville, pour être délivrée des fièvres causées par les miasmes vaporeux du grand lac des Paluds. Le bon roi Réné en cédant la baronnie à l'évêque Colardeau, exigea que son successeur fît travailler au desséchement de ce marais; ce travail étant achevé, Aubagne est devenu depuis un des pays les plus salubres de la Provence. La Fontaine avait raison : *aide-toi, Dieu t'aidera.*

Je me trouvai pour quelques mois à Aubagne en 1824-1825. Le désir de rétablir les confréries des pénitents fut réveillé : ces établissements avaient fait le joie du pays par leurs fêtes, leurs concerts, les bonnes œuvres qui en découlaient.

Il s'agissait des blancs et des noirs, car les gris avaient déjà été réorganisés quoique faiblement. Divers projets furent conçus. On voulait faire une fusion, n'établir qu'une chapelle ; on désignait l'Observance, à laquelle on ajouterait la façade des pénitents noirs. On parvenait jusqu'à l'idée ridicule d'endosser la cape blanche liée du cordon noir, ou vice-versâ. D'anciens membres des noirs et des blancs avaient eu la faiblesse de se laisser entraîner à l'extravagance de pareils desseins. On osait croire que l'union des deux corps éteindrait toute rivalité,...... et c'est justement cette rivalité qui contribuait à l'éclat, à la pompe des fêtes, des exercices,...... et puis on allait oublier nos pères, leurs statuts ; c'était un revirement odieux, impraticable...... Nous prîmes la plume, un mémoire fut rédigé pour prouver qu'il fallait rétablir l'état des choses anciennes, qu'il fallait encore et des blancs et des noirs avec leurs chapelles, leurs pratiques, leurs statuts appropriés à chacun.

Ce mémoire fut copié de suite par un membre fort zélé, le sieur Rey, il fut par lui colporté et lu dans les diverses sociétés. On revint aux idées saines, on fut convaincu. Nous dressions des pétitions ardentes, nous allions les faire signer à domicile ; on refusait quelquefois, puis on revenait : nous présentions en premier lieu ces demandes aux autorités ecclésiastiques et civiles, aux curés, au préfet, à l'évêque. Dans Marseille, d'anciens amis nous secondaient, messieurs Julien de Madan, le baron Jourdan, le zélé Remuzat. Nous implorâmes la puissante protection de M. le marquis Barthelémy à Paris, qui nous écrivait avec sa bonté ordinaire, que notre demande l'avait charmé en lui rappelant des souvenirs de famille qui lui étaient bien chers.

A Aubagne, nous agissions avec Rey, notre parent, qui se dé-

dévouait dans toutes les démarches possibles, le respectable M. Magnan, le père, puis le fils, dont l'ardeur ne le cédait à personne. Je venais de La Ciotat ou j'étais alors, j'allais haranguer M. le curé Chauvet, accompagné d'honorables habitants, messieurs Savoyant, André Bense, Joseph Monier, Etienne Chourre et une foule d'autres zélés concitoyens.

Enfin, ces démarches, ces sollicitations, tant de prières, de voyages, nous occupèrent plusieurs années, et nous eûmes en dernier lieu la satisfaction d'obtenir l'autorisation pour la réintégration ; cette nouvelle causa dans le pays une joie presqu'égale à celle de la rentrée de nos souverains en 1814. Ce succès si longtemps désiré dût son accomplissement au crédit, à l'accès de M. l'abbé Arnaud auprès de Mgr l'évêque et surtout à la harangue qu'il adressa à ce prélat en présence des penitents noirs qui vinrent lui rendre hommage en chœur de musique. Une souscription fut ouverte ; les chapelles furent réparées : M. l'abbé Arnaud fut nommé aumonier des noirs. Qui était plus digne d'occuper cet honorable emploi ? Jeune, généreux, enflammé de zèle pour la confrérie renaissante, issu d'une famille notable dans les fastes de la cité, car elle descendait en ligne collatérale du célèbre magistrat, auquel Aubagne est redevable de la continuation de son existence, et que la population dans l'élan de sa reconnaissance dota du nom de *Grand*, comme la république des lettres avait illustré son homonyme, le précepteur de Raine et l'ami de Despreaux.

A cette époque mémorable on vit se renouveler le spectacle produit par les anciens hébreux au retour de leur captivité à Babylone au jour qu'ils eurent rétabli leur temple. Tout le monde pleurait, dit Flavien Joseph, les uns de joie de voir ce temple si regretté, les autres de tristesse en le comparant à la grandeur à la magnificence de l'ancien temple réputé une des sept merveilles.

Toutes les chappelles qui entourent le corps de bâtisse de l'église parossiale ont été tour à tour construites par des familles, ou des corporations religieuses d'Aubagne, en fixant leur destination; ainsi, la chappele de Sainte Appollonie patrone d'Aubagne à été bâtie aux frais de la famille Conte et consacrée à cette Sainte, la chapelle située à gauche derrière le maitre autel, par le corps de Saint Eloi, la chapelle qui y est parallèle la chapelle de Sainte Anne, par diverses congrégations qui y déposaient leurs ornements. Ces deux chapelles étaient closes de grilles en fer. Nul ne pouvait s'y introduire que les intéressés.

La chapelle du centre à gauche par les zélateurs de Notre-Dame-du-Rosaire. La crèche leur appartenait. Ainsi des chapelles du Sacré-Cœur, de Saint Maur, du Mont-Carmel etc. Les fondateurs et leurs héritiers y avaient leurs sièges privilégiés. Les anciens chefs de cette paroisse ont toujours observé religieusement cet ordre de choses; ils se seraient bien gardés de le transgresser.

Le Seigneur Jean-Baptiste Destampes, promü en 1670 à l'évêché de Marseille et à la baronnie d'Aubagne s'empare des eaux qui alimentent les fontaines d'Aubagne, la communauté administrée par monsieur Mathieu Arnaud, maire de la ville s'oppose à cette usurpation. Un grand procès est intenté; l'evêque le gagne en Provence. Monsieur Arnaud, poussé par l'amour de son pays, risque un appel à Paris, et se rend dans cette capitale à ses frais, il y fait un long séjour, met en mouvement tous ses amis et ses connaissances; il hasarde tous les moyens, il est présent à toutes les conférances, à toutes les audiences, il triomphe à la fin, mais il s'est ruiné; il retourne dans son pays il est accueilli par des ovations, les fontaine répandent avec abondance l'élément nécessaire à l'existence des habitants

Aubagne reconnaissante érige sur la plus belle fontaine du pays une statue colossale de Saint Mathieu, patron du maire vainqueur ; on fonda la fête de Saint Mathieu, et le beau train qui attire tous les habitans des environs, par les buts parés les grandes courses et tous les jeux palestriques usités en Provence : une dame d'Aubagne fait un legs à perpetuité pour acheter les prix à décerner aux vainqueurs des jeux et payer les tambourins affectés aux danses, contribuer à l'éclat et à l'allégresse publique de ce beau jour et orner la procession de la paroisse entourant le beau buste de Saint Mathieu, chef d'œuvre de sculpture, porté par les pénitens noirs auxquels appartenait Monsieur Mathieu Arnaud, comme tous les hauts personnages, hommes de lettres et sientifique qui ont illustré le pays.

La Reine Jeanne ne fréquentait pas les Aubagnens, dont elle était peu aimée elle avait fait construire au bas de son château pour traverser l'Huveaune un pont, qui résista durant quatre siècles à tous les débordements de l'Huveaune ; il portait son nom ; *lou pouen de Rigne*, ou de Reino il a été vendalement démoli en 1840 par les innovateurs de destruction, il était peu éloigné du centre de la ville ce qui en faisait l'ornement et la salubrité. On pouvait éviter les inondation en encaisant la rivière et augmenter les cavités. Les plus belles villes du monde ont été bâties sur de grandes rivières.

La Reine traversait ce pont pour aller jouir du beau parc situé vis-à-vis sur le côté droit de l'Huveaune, un petit escalier fort rapide dont on voyait naguère encore les traces conduisait du pont au château bâti sur le point culminant de la ville, ce château détruit dans la Révolution par la famille Duffrin qui l'avait acquis dans les temps orageux, avait été assez conservé depuis que le seigneur de Belloy l'avait délaissé pour habiter sa maison de plaisance,

Dans les temps antérieurs, ce château était fortifié, sa hauteur côté nord sur l'Huveaune était plantée d'arbre d'agrément dans un terrain retenu par quatre ou cinq hautes étanche, du côté du midi il était entouré d'un rempart couronné d'embrasure surtout du côté de la porte dite *Beau Bernard*, si redoutable aux assiégeants, et ou les braves Aubagnens comandés par Belloi et le vaillant capitaine Mottet avaient signalé leur bravoure, du côté du levant, il était contigu au prétoire de justice attenant les prisons nous avons encore vu la chatne du carcan à l'entrée extérieure de l'audience.

Ce reste de bâtisse et les prisons adjacentes est tout ce qui existe encore de la puissance de nos seigneurs.

L'an 1755 Mgr de Belloi ayant remplacé le célèbre de Belzunce fit l'année suivante (1756), l'acquisition par acte notaire Colomb père, d'un assez vaste terrain contigu au parc seigneurial situé au delà de la rivière et qui était un apanage de la baronnie il fit bâtir sur le haut de cette terre la belle maison de plaisance, connue en dernier lieu sous le nom de château, de cette belle position, le meilleur des seigneurs avait sous ses regards toute la ville soumise à son autorité bienfaisante.

L'hôtel-de-ville d'Aubagne à occupé deux emplacemens : dans les premiers temps les consuls siégèrent dans une maison basse qui existe encore dans la rue de la Cité passant derrière l'horloge, et se rendant à la maison qui servait d'hôpital au personnel du de l'ancien château, et habitée en dernier lieu par la famille Vachier. La maison commune occupait le derrière de la maison Cabrol et en dessous de la maison Christain, elle était ainsi comprise dans l'enceinte des remparts.

Sous Louis XII elle fut transférée dans la rue Laget; on la reconnaît encore à sa sculpture extérieure; vis-à-vis la maison

Jourdan, qui fut dévastée dans la Révolution et qui avait appartenu sous le règne de Henri IV à la maison de Bausset, où se tint le complot contre Cazauls, dont la mort par Libertat délivra Marseille et Aubagne de la tyrannie des ligueurs et affermit l'autorité du bon Roi dans toute la Provence.

En 1650, sous le règne de Louis XIV, la commune fut placée sur le haut de la place aux fruits, sous l'horloge de la ville, la construction de la halle pour sa poissonnerie date de 1682.

Enfin l'Hôtel-de-Ville a été bâti, à grand frais dans la rue Saint Mathieu.

Autrefois le Merlançon n'était point voûté, quelques petits ponts suffisaient pour le traverser du nord au midi du pays, la grand route de Toulon à Marseille començait à Riquet, se continuait par l'aire de la Reynarde, le jeu de boule, le jeu de ballon la rue de la place et la rue rastègue, qui conduisait au pont vis-à-vis sur l'Huveaune, de là laissant à droite la route d'Aix, elle entrait dans la rue des Coquière au commencément de laquelle se trouvait la belle et ancienne auberge de la Tête noire (maison Jourdan), et suivait le petit chemin de Marseille, c'est tout près de cet embranchement que la commune avait fait bâtir une petite maison servant de corps de garde, transféré dans la suite à la bourgade et enfin démoli.

Avant que ce torrent qui traverse en longueur toute la ville, fut voûté, il inondait le bas de la ville dans des temps d'orages rapides, une fois l'eau débordant, son lit pénètre dans la chappelle des religieuses les ondes allaient submerger le maître autel; lorsqu'une sainte religieuse entraînée par un zèle héroïque s'élançant à travers les flots soulevés, alla s'emparer du Saint Ciboire et sauver du naufrage le pain céleste qu'il renfermait.

Les inondations du Merlançon étaient surtout à redouter par

son confluent avec l'Huveaune, lorsqu'elle était grossie par les pluies fortes et rapides, comme dans l'année 1780, la veille de Saint Mathieu de l'an 1796, le 15 octobre 1800.

Dans une charte de 1019, par laquelle la famille des vicomtes fait présent à l'abbaye de Saint Victor d'une église dédiée à Saint Mitre, avec toutes ses dépendances, prés, vignes, pâturages, etc., le tout près de l'Huveaune, (c'est la propriété Ségond), cette rivière est appelée et écrite *Welana*...... *in fluvium We-lanam subter solam, quæ est in Campo Majore.* Dans d'autres chartes on l'appelle *Vuelna*, c'est-à-dire *Uvelna*, cette différence n'est que le même mot Huveaune.

Papon l'appelle ubelka, ∞ qui revient au même.

Il n'y a pas bien longtemps que les deux lettres V et U s'employaient comme consonnes et voyelles, on écrivait : *uotre frère a trouué vne avtre uoie*, votre frère a trouvé une autre voie. D'après ce principe *Welana*, et *Vuelna* se lisaient *Uvelana*, *Uvelna*, ou *Velna*, l'*Uveaune* et la *Veaune*, suivant plusieurs géographes. Dans l'idiome provençal la syllabe *el* se pronance *eau*, appel *appeou*, Michel *Micheou*, comme *al* se rend par *aou*, fatal *fataou*. Et pour établir une distinction claire et facile, l'on a dans les récents écrits fait précéder le double U et V de la lettre H nul, qui n'a l'emploi que de vocaliser la lettre suivante. Nous avons dans notre langue plusieurs mots où ce caractère n'a qu'un effet mutatif. Ainsi pour empêcher que l'on ne prononçât *ville* le mot *uile*, *oleum*, on a écrit *huile; vitre* le mot *uitre*, on a écrit *huitre;* ainsi la lettre H a trois emplois, l'aspiration, *harpe*, le signe étymologique, *homme*, et la vocalisation, *l'huissier*. Papon dérive le nom de cette rivière du mot grec ubelka, par un changement de valeur de quelques lettres, mais il ne donne pas la signification propre à chaque syllabe qui en font la composition. Quoi qu'il en soit de la manière d'écrire le nom de cette rivière, les Aubagnens du XII⁰ siècle adoptèrent pour armoiries de la ville ce signe XX formé de deux initiales *Albania super Velnam* ou *Uvelnam*, Aubagne sur Huveaune, ou Uveaune, ou sur Veaune.

C'est sur les bords fleuris de cette jolie rivière qui alimente tant de belles prairies, et fertilise l'immense plaine de Beaudinar, appelée l'Eden de la Provence, que les religieuses de Saint Pons firent bâtir un couvent après la suppression de celui de Saint Pons dans le XIII⁰ siècle et leur retraite de Saint-Jean-de-Garguier, resté leur tributaire. Ce couvent construit sur la rive gauche de l'Huveaune et à peu de distance du château de la Gautière, était appelé en langue des XIII⁰ et XIV⁰ siècles, par les dames religieuses, *Mayoun Huveoune;* il fut abandonné dans le XV⁰ siècle, à cause des fréquentes inondations, qui finirent par le détruire entièrement, en ne laissant que le nom à la contrée où il exista.

———

Nous ne pourrions terminer ce chapitre destiné à retracer les divers établissements d'utilité publique, sans parler des institutions scientifiques qu'Aubagne a vu prospérer dans son sein et que l'autorité locale a toujours protégées, encouragées, puisqu'elles ont été la source et l'exemple de tant d'hommes distingués dont le pays s'est honoré depuis près de deux siècles, sans remonter plus haut.

Voici le nom des directeurs des institutions où l'on a enseigné les sciences et les langues savantes depuis 1700 jusqu'à l'année 1846.

Les institutions : Maurin, père ; Lautard et Comp^ie ; Tricon ; Démare et Gillet ; l'abbé Blanc ; Vial, père, Chauvet et Reille ; l'abbé Roquemaure ; Couret père et fils ; Cais ; Arnaud père et Comp^ie, Levavasseur et Comp^ie, et l'institution de Clastre.

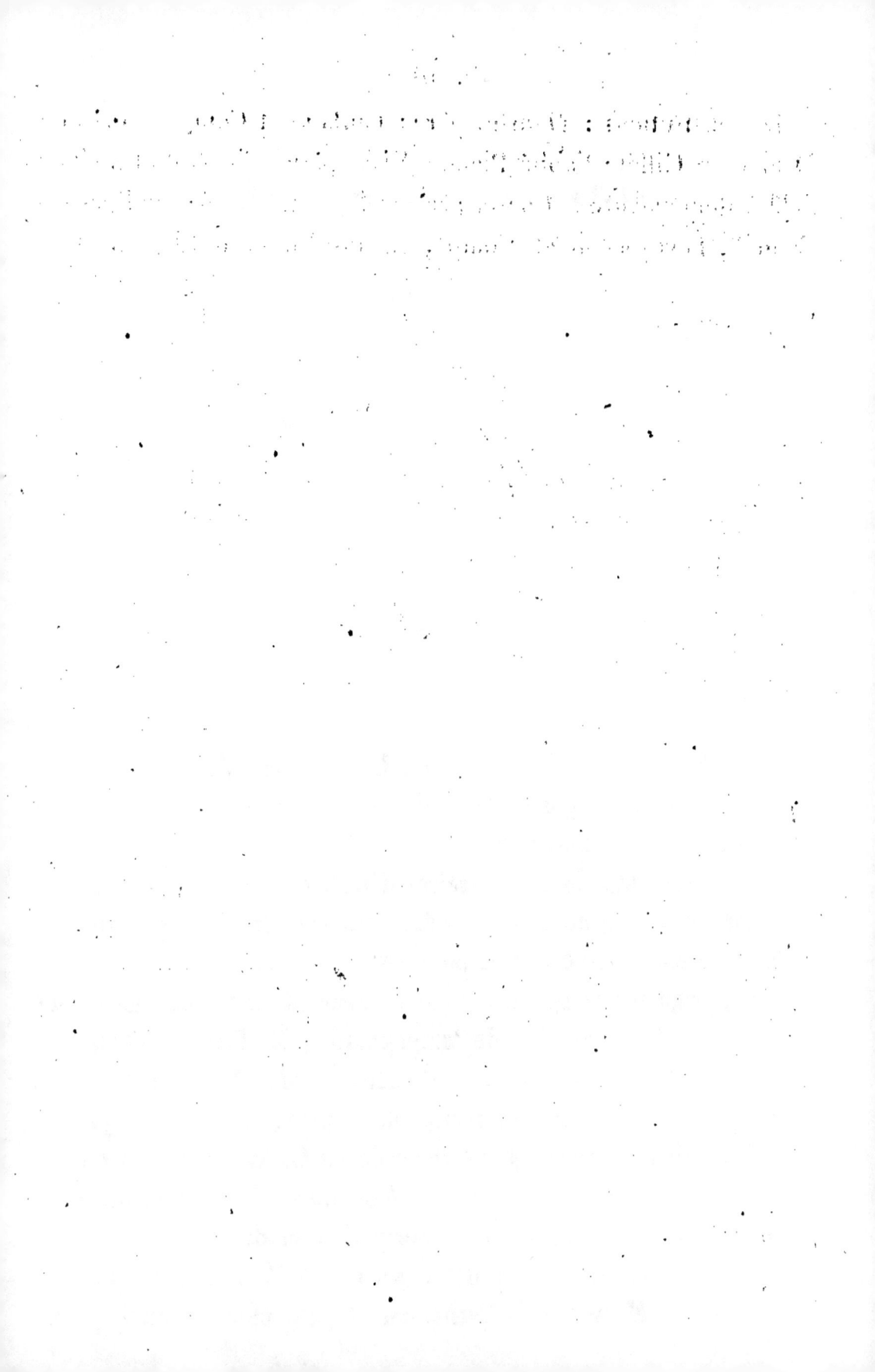

HISTOIRE D'AUBAGNE.

◎

DEUXIÈME ÉPOQUE.

◎

En 1789 la Révolution éclate. Les premiers désordres ont lieu à Aubagne à propos la demande du peuple, pour la diminution du pain, de la viande, etc.

Une descente de commissaires délégués de Marseille vient informer à Aubagne sur les désordres arrivés. Quelque uns des fauteurs sont arrêtés, mais pour peu de temps.

On organise la garde nationale, formant deux bataillons pour Aubagne et un bataillon de campagnards ; M. Pierre de Seigneuret est nommé commandant de cette garde. L'état-major était composé des principaux bourgeois et propriétaires du pays. M. Gabriel Ramel, ancien gouverneur de La Calle, était alors maire.

En conformité du décret de l'Assemblée constituante du mois de décembre 1789, portant réorganisation de toutes les municipalités du royaume, les deux sections d'Aubagne nommèrent pour maire M. François Carbonnel et pour officiers municipaux,

MM. Gabriel Jourdan, bourgeois; François Aubagne Jourdan, médecin; Etienne Cucurny, bourgeois, dit la Bourbonne, Noble François Guillaume de Martel, ancien officier du régiment de Penthièvre; Emmanuel Lieutaud, avocat en la cour; Sabin Brémond, bourgeois; Antoine Barthelémy, bourgeois, et Jean Pierre Etienne, bourgeois, dit Chourrou; procureur-syndic, M. Louis Dominique Bérenger, avocat en la cour.

Notables ou conseillers :

MM. Pierre Martinat, ancien curé d'Aubagne; Roch Jayne; Isnard, Gaëtan de Paris; Bernardin Gastaud; Jean-Baptiste Girand aîné; Pierre Maurin, prêtre; Jean Reynaud; Pierre François Demane, médecin; Noël Négrel; Martin Deguin; Joseph Reverdit; Gabriel Bonnet; Barthelémi Barthelémy, bourgeois; François Sicard; Antoine Beaumond père.

Le nouveau maire M. Carbonnel fut porté en triomphe dans la ville où l'on avait élevé des arcs triomphaux sur les places publiques. On renouvela la fameuse Bravade de Sainte Appollonie, etc., etc.

Le 14 juillet 1790, la France célébra l'anniversaire de la prise de la Bastille par la fête de la fédération. Chaque commune envoya à Paris des députés pour fraterniser mutuellement et jurer de soutenir la Révolution qui avait eu lieu. Les députés d'Aubagne eurent pour chef le fameux Richelme, le chirurgien, dont il sera parlé dans la suite. Dans Aubagne on dressa sur le grand carrefour de la grand'rue, un autel à quatre faces, où quatre prêtres disaient la messe en même temps au milieu d'une foule immense. Du centre des quatre autels contigus s'élevait une tour carrée couverte en papier rouge et renfermant mille oiseaux, qui furent mis en liberté au *Gloria in excelcis*, symbole de la liberté donnée aux peuples.

Le conseil municipal était constamment en opposition avec les avis du maire, chaque membre crut devoir donner sa démission ; ce qui donna lieu au changement de tout le corps municipal. Les sections s'assemblèrent et nommèrent pour maire, Jean-Baptiste Domergue et pour officiers municipaux, Dominique Piche, Pierre Blanc, Gayard, Arnaud (estanayette), Taurel, Moulard, Cachima et autres ; pour procureur de la commune, Barthélémy Bœuf, ancien huissier. Cette municipalité ne subsista que jusqu'à l'époque des sections (mai 1793).

Le 12 février, jour de dimanche 1792, un grand rassemblement de peuple eut lieu au château de l'évêque, lequel avait délaissé son diocèse et s'était rendu dans sa province en Picardie. On préparait un grand dîner, où tout Aubagne était invité. Les apprêts se firent sur le perron devant le château.

Ce rassemblement avait pour but de proposer aux élections qui allaient se tenir, M. Jourdan, l'ancien juge, pour occuper les fonctions nouvelles de juge de paix en exécution du décret rendu tout récemment par l'Assemblée constituante.

Le parti qui avait nommé la dernière municipalité et qui se fortifiait de jour en jour, donna connaissance de ces préparatifs aux autorités Marseillaises.

Vers les deux heures, au moment où l'on prenait place au banquet, l'on vit paraître au premier contour de Menpenty, sur la route de Marseille un détachement de grenadiers, dont les armes brillaient à l'éclat d'un beau jour d'hiver. Les commissaires du banquet ordonnent le calme et le silence. On attend avec quelque anxiété. Cependant les mets ne sont pas servis ; on est attentif à suivre des yeux la marche de la troupe, lorsqu'elle fut entrée dans la grande allée du château, les olivettes que les jeunes gens avaient faites pour célébrer ce beau jour de fête, vont au devant des grenadiers en exécutant leurs danses en signe de bon accueil. Poutet l'aîné, qui était le courrier de la charmante troupe, se présente le premier en saluant le commandant, il en reçoit un soufflet qui le renverse. Raspaud, le roi des olivettes, se présente pour demander raison de ce procédé, il reçoit le même affront. Dés lors les olivettes se séparent et la population qui du perron fut spectatrice d'une pareille scène, prit en désordre la fuite dans la pinède derrière le château et chacun se sauva où il put. Les grenadiers brisèrent les tables et les chaises qui ornaient le perron, ensuite ils entrèrent dans le château et tout en buvant les liqueurs et mangeant les plats abandonnés, ils brisèrent plusieurs glaces et se retirèrent dans Aubagne resté désert.

On ouvre un club à Aubagne; on y tient séance tous les soirs. Dans cette même année (1792), on écrivit sur le mur extérieur de chaque maison, ces mots : *Vivre libre ou mourir.*

On plante les arbres de la liberté sur les places publiques, puis devant les maisons. Le peuple abat ceux qui sont devant les maisons des suspects. Un certain nombre va se joindre aux Marseillais qui partaient pour Paris sous le commandement de Barbaroux. C'est le même bataillon qui fit le 10 août aux Tuileries. Le 29 août un rassemblement de clubistes se porta aux maisons de MM. Jourdan, ancien juge; Girand aîné; Mille; Jourdan des Bouches du Rhône; d'Albert; Jourdan, docteur en médecine, à la maison de campagne de M. Demane et à celle de M. Gabriel Ramel (mon plaisir) les dévastèrent et les pillèrent. Alors le peuple n'eut plus de frein. Le samedi 1er septembre, à 10 heures du soir, l'on alla s'emparer de M. Arnaud Décory, détenu à la prison, et l'on alla le pendre au fanal du milieu de la grand'rue; M. Arnaud, presque septuagénaire, ne pouvant marcher, soit par défaillance ou pesanteur de l'âge, fut traîné à la descente de la place Deguin et de la maison commune ; le lendemain, à 9 heures du matin, le maire et les officiers municipaux, affublés de la cape des bourras, la croix en tête allèrent l'enterrer. Deux semaines après, le 17 septembre, on en fit autant à l'huissier Joseph Jourdan. Il fut pendu au fanal du bout de la grand'rue. Le premier mardi du mois de novembre suivant on fit sortir les religieuses de leur couvent. En même temps toute la populace se répandit dans cet asile de la vertu. Quelques heures après, à la tombée de la nuit, tous les regards étaient fixés sur le château que l'on venait d'incendier.

Par un décret du gouvernement, les trois chapelles des pénitents furent supprimées et clauses. C'est alors que l'on enleva les tableaux des pénitents noirs, les lustres des pénitents blancs et l'autel des religieuses. La paroisse qui possède ces décorations n'a n'a pas à s'en glorifier. Des désordres ayant éclaté à Avignon, des gardes nationaux y furent envoyés de plusieurs communes, Aubagne fournit son contingent.

Le 2 octobre, les cloches des pénitents et des congrégations sont descendues et déposées à la commune. Le 4 novembre, l'autorité veut s'emparer des bustes d'argent des Saints, le peuple soulevé s'y oppose ; une femme, épouse du franc patriote Michel Calade, monte en chaire à l'issue de la grand'messe : elle engage les assistants à s'opposer à cet enlèvement, mais le lendemain la force armée arrive de Marseille ; un grand nombre d'habitants est incarcéré et les objets précieux sont enlevés et transportés à la commune et de là à Marseille.

Le 1er janvier de l'année 1793, Jean-Baptiste Camoin, dit Ciéron, est élu maire et Teissier, directeur des postes, procureur de la commune. Des registres sont ouverts pour signer la mort de Louis XVI, détenu à la tour du Temple à Paris. Il

existe un grand nombre d'Aubagnens qui font les grands royalistes et dont les pères ont signé la mort du juste.

Le 21 janvier arrive, on apprend la mort du Roi ; les cloches
sont mises en branle, les boîtes tonnent : les autorités, assistées
de toute la population se rendent à la paroisse, l'on y chante un
Te Deum en action de grâces d'être délivré du tyran.

Nous avions alors près de dix ans, et tandis que les voûtes du
temple retentissaient des chants d'allégresse, nous étions tapis
dans un recoin de la chapelle de Saint Maur à réciter un *de pro-
fundis* que notre mère nous avait appris le matin même.

Voilà que tout à coup la grande scène change. Lyon, Marseille et tout le Midi de la France jusqu'à Bordeaux et Nantes se
liguent, fraternisent, se révoltent contre la Convention nationale
qui venait de destituer les représentants Girondins, le 31 mai.

Dès ce jour on jura de ne plus reconnaître la Convention. Chaque ville s'organise de nouveau, on change les municipalités, on
rassemble les sections, elles se forment en permanence. On ferme
les clubs. Dans les sections on crée les ordonnances, les régle-
ments, les nouvelles lois propres à chaque pays. Un comité général composé des personnages les plus distingués par leurs connaissances et leur zèle pour le bien public est établi dans chaque
arrondissement ; il correspond avec les comités généraux de Lyon
de Bordeaux et de Nantes. C'est une puissance exécutrice. Cette
assemblée se renouvelait chaque mois par tiers. Voici les noms
des membres qui siégèrent durant le mois de juin 1703, MM.
Robert, président, François Rey, avocat, Villevieille, oncle, savant religieux, Honoré Paul, légiste, Barthelémy Chaulan, notaire, Louis Barthelémy, receveur de l'enregistrement, Jean-Baptiste Martinot, notaire, secrétaire. Dans le mois de juillet, deux
membres furent remplacés par MM. Jourdan, médecin et Sauveur

Couret, propriétaire, et le mois d'août reçut MM. l'abbé Roquemaure, ancien président d'une section, et Lieutard, avocat.

La première opération de ce comité fut de changer la municipalité : la nouvelle fut composée ainsi qu'il suit : MM. Antonin Colomb, avocat, président, Bérenger, notaire, procureur de la commune, Sabin Brémond, bourgeois, Antoine Beaumond, bourgeois, Girand, propriétaire, Antoine Sivan, père, aubergiste, Jean-Baptiste Barthelémy, bourgeois, Noël Négrel, propriétaire, Emmanuel Sicard, propriétaire, François Bonasse, négociant, André Monier, négociant, Charles Fellen, bourgeois, Pierre Sicard et Jean Bérenger, propriétaires.

La section n° 1 siégeait aux pénitents gris, le n° 2 à l'Observance, c'était la section la plus nombreuse, la plus influente, le n° 3 siégeait à l'hôpital.

Les présidents de ces trois sections furent tour à tour, MM. Colomb, avocat, Brémond, Roquemaure, Couret, Jourdan et plusieurs autres.

M. Robert, bourgeois fut nommé juge de paix.

Le comité général recevait les dénonciations des particuliers contre ceux qui s'étaient rendus coupables d'exactions, de vols, pillages, dévastations, incendies et pendaisons ; ils décernaient des mandats d'arrêt contre ces criminels, et les faisaient traduire devant le tribunal populaire de Marseille.

Quelques républicains furent arrêtés durant les sections et traduits enchaînés à Marseille, les principaux furent Domergue, Piche, Sestier et Gurif.

Dans la deuxième quinzaine du mois d'août, la Convention nationale envoya dans le Midi, une armée commandée par le général Cartaux. Après avoir laissé le siège à la ville de Lyon, cette armée s'avance vers Marseille. Le département lève une faible troupe de gardes nationaux et de rares volontaires, sous le commandement du général de Villeneuve. Elle s'avance jusqu'à Avigon, elle rétrograde jusqu'à Septime où l'on établit quelques batteries ; mais au premier coup de fusil, cette troupe bien parée tombe dans le découragement : l'un regrettait sa bastide, l'autre ses affaires à la bourse. L'armée sectionnaire se débanda ; Cartaux entra dans Marseille le dimanche 25 août. Tous les prisonniers républicains furent mis en liberté.

Alors tout ce qui s'était montré au sein de cette insurrection prit la fuite. La plupart prirent la route de Toulon qui était indiqué comme un refuge aux royalistes, on savait que cette ville allait se livrer aux Anglais dont une escadre bordait nos parages. Nous partîmes environ une cinquantaine d'Aubagnens; la plus grande partie à pied. Notre famille avait un charreton au tendelet. A la montée de Cuges, nous traversions les raccoursis dans les montagnes. Nous nous arrêtâmes au Bausset, la plus grande partie poursuivit sa route jusqu'à Toulon.

Les républicains rendus à Aubagne reconstituèrent leurs clubs, ils ouvrirent les maisons délaissées sous prétexte d'y saisir les armes des fugitifs et les pillèrent; la nôtre fut du nombre. On commença par emprisonner de tous côtés : des femmes, des vieillards et jusqu'à des enfants furent arrêtés.

Au mois d'octobre suivant, les esprits s'étaient un peu calmés. Les anglais et les Espagnols tenaient bon dans Toulon qui paraissait imprenable. Etant retourné à Aubagne sans notre père, parti vers le nord, nous eûmes la douleur de voir enlever les belles cloches de la paroisse : la première qui fut précipitée avec beaucoup d'efforts, fut le *Bon*, dont la pesanteur détacha une grosse pierre de taille de la fenêtre, et, qui en tombant sur la cloche, la partagea en deux. Cette cloche était consacrée aux noirs;

nous enfants présents, nous la pleurâmes.

Voici la liste des Aubagnens qui s'étant enfuis à l'arrivée de Cartaux furent portés sur la table de proscription, comme émigrés ; qualité qui fut durant dix ans un arrêt de mort.

MM. Bérenger Louis Dominique, avocat. Chaulan Barthelémy, avocat, *victime*. Cartier Jean François, notaire. Jean-Baptiste Martinot, notaire. Beaumond Jean Antoine, négociant. Laudan Tropez, *victime*. Rousserie Mathieu, cafetier. Trophème Dominique, fabricant de savons. Olive Anselme, marchand drapier. Colomb Surléon, avocat. Barthelémy Adrien, bourgeois. Giraud Antoine, boucher. Bense Honoré, ménager. Barthelémy Pierre Joseph, ménager. Brémond Sabin, bourgeois. Barthelémy François, bourgeois. Martinot Pierre, bourgeois. Barthelémy Louis contrôleur de l'enregistrement, *victime*. Deprat Joseph, bourgeois, de Martel Dominique, bourgeois. Barthelémy Louis, bourgeois. Jourdan Gabriel, bourgeois. Liautaud aymé, *victime*. Barry hyacinthe, bourgeois. Jourdan Jean-Baptiste, bourgeois. Robert François, bourgeois. Roquemaure Maxime, prêtre. Barthelémy Jean-Baptiste, bourgeois. Girand Jean-Baptiste, bourgeois. Mathieu Antoine, fabricant de draps. Laget Antoine, bourgeois. Giraud Ange, ménager. Giraud François, ménager. Giraud Noël, ménager. Laferrière-Bougis, chirurgien, *victime*. Bellon Christophe, marchand. Bellon Charles, bourgeois, Couret Sauveur, bourgeois. Baumier pharmacien, *victime*. Pharisien Magloire, boucher. Deluy Joseph, marchand. Etienne Jean, gendarme. Etienne Gabriel, tanneur. Deidier Dominique, maréchal-ferrant. Castelan Joseph, boulanger. Jourdan Jean Pierre, huissier. Lieutaud mathieu, chapelier. Déprat Etienne, prêtre. Plane Cathérine, couturière. Venuse Etienne, maître cordonnier, *victime*. Bertrand Pascal, faïencier. Chateau Gabriel, marchand.

Millé Louis, avocat. Maurel fils cadet, bourgeois. Jourdan Jean-Baptiste, dit Turenne. Boutin Marc, barrilat. Sicard fils, dit Lagrace, boulanger. Pinet Jean, bourgeois. Lieutard Emmanuel, avocat. Ebisail Pierre, scieur de long. Richaud fils aîné, cordonnier. Jeanselme fils aîné, charcutier. Laget Roch, bourgeois. Monier Toussaint, cafetier. Blin Joseph père, vitrier. Veuve Gabriel, dite Pécette. Remusat, maçon. Veuve Rey, née Verdier, ragretiere, *victime*. Sicard François, dit Réné. Feraud Jean, maçon. Jauffret Laurent, cuisinier. Richelme Joseph, faïencier. Bense fils aîné, tuilier. Blancard Louis Claude, négociant. Paris Louis Gaëtan, Chirurgien. Tholoson Claudine, bourgeoise. Bonasse François père. Sivan Antoine père. Gautier Aubagne, officier de ville, *victime*. Maunier fils d'André. Maunier fils de Jean-Baptiste, propriétaire. Ricard Antoine, fournier. Longis cadet, dit Poupon, bourgeois, *victime*. Barthelémy Louis, receveur de l'enregistrement, *victime*. Lieutaud Eymès, marqueur. Laudon Jean Tropez, bourgeois, *victime*. Cucurny Etienne, dit La Bourbonne, bourgeois, *victime*. Rastègue Jean Jacques, bourgeois, *victime*. Chaulan Louis Barthelémy, avocat, *victime*. Jourdan Pierre, prêtre, *victime*. De Seigneuret François, capitaine, croix de Saint Louis, *victime*. De Seigneuret fils, prêtre, *victime*. Reynaud Philippe, bourgeois, *victime*. De Clapier Colongue, bourgeois. Etienne François, chirurgien, *victime*. Comte Antoine, bourgeois. Barthelémy Roch, bourgeois. Bérenger Antoine, prêtre, *victime*. Aubert Jean François, notaire, *victime*. Demane Pierre François, médecin, *victime*. Suzanne, faïencier, peintre, *victime*. Jogand Jean-Baptiste, concierge de la prison, *victime*.

Deux commissaires, Mongard et Turcat furent délégués, par l'autorité du département à Aubagne, pour apposer les scellés sur tous les biens des susdits émigrés, procéder à l'inventaire, puis à la vente aux enchères de tous leurs biens mobiliers.

Ces ventes se poursuivirent tous les jours, excepté les décades, et jusqu'à l'époque du 9 *Thermidor*; elles se fesaient à de très vils prix en assignats, seule valeur qui eût cours à cette époque, l'argent était prohibé. Pour favoriser le peuple, le gouvernement d'alors avait rendu une loi qui établissait le prix de chaque marchandise; c'est ce qu'on appelait le *maximum*; par exemple, le savon était taxé à 3 sous la livre, le riz à 1 sou, et ainsi à proportion pour tout le reste.

Jamais à aucune époque de l'histoire, la populace n'avait joui de tant d'aisance. Ce n'étaient que des chants de joie, des danses, des repas en commun. D'un autre côté, tous ceux qui s'étaient montré durant les sections, tous ceux qui avaient marché contre Cartaux, tous ceux qui avaient accepté le moindre emploi, avaient été massacrés; les églises, les couvents étaient remplis des femmes, des mères et d'autres parents et proches des émigrés; on avait saisi tout ce que l'on soupçonnait de suspect.

L'échafaud était permanent sur la Cannebière à Marseille, puis à Orange, succursale du tribunal révolutionnaire de Marseille.

Aubagne eût à déplorer 47 victimes dont quelques unes sont notées sur les listes ci-dessus.

Les saisies s'exécutaient durant la nuit. Les plus cruelles rigueurs eurent lieu surtout après la prise de Toulon, arrivée le 23 décembre 1793. Tout le monde connaît le désordre épouvantable qui régna dans Toulon, la nuit où les Anglais et les Espagnols abandonnèrent la ville en incendiant l'arsenal et les vaisseaux en rade. Les malheureux habitants et les réfugiés accourent sur les quais, chargés de ce qu'ils ont de plus précieux, tâchant d'entrer dans les vaisseaux étrangers, manquant les bords au mo-

ment où on levait l'ancre ; se noyant dans le port chargés de
jeunes enfants, les fusillades par centaines qui s'ensuivirent. Ces
grands désastres sont connus de tout le monde. D'ailleurs je dé-
serterais mon sujet, si je m'étendais davantage sur la malheureuse ville de Toulon.

Je reviens aux saisies qui suivirent la prise de Toulon : après
huit jours passés en fêtes et réjouissances dans toutes les localités
et en particulier à Aubagne, d'où tant d'émigrés s'étaient réfugiés à Toulon, on se livra aux rigueurs les plus atroces. Le 15
janvier à minuit, on heurte vivement notre porte ; notre mère
se lève et descend en chemise, gémissante ; quatre enfants dont
j'étais l'aîné âgé de douze ans, la suivent tous en chemise ;
quatre fusillers se présentent, commandés par Giraud père, qui
fut trompette de la commune après la perte de la famille Gau-
thier ; vous êtes femme d'émigré, dit le chef, nous devons vous
conduire en prison. Notre mère, enceinte très avancée, embras-
sée par ces quatre petits, leur dit : « Ah ! je ne pourrai vous
suivre ; que feraient ces quatre innocents, seuls dans la maison ?
Non je ne pourrai marcher..... Voyez mon état !..... Ah !
si vous êtes père, ayez pitié de l'innocent que je porte ! » Alors
Giraud se tournant vers sa troupe, dit : venez, ils viendront la
prendre eux s'ils veulent, venez ; et notre mère remonta à sa
chambre, moitié gelée comme nous enfants ; nous ne parlions plus,
nous pleurions. Les tigres furent touchés cette fois, ils ne retour-
nèrent plus.

Une heure après, d'autres fusillers revinrent : sans égard pour
notre mère, ils lui ordonnent de revêtir un simple jupon et un
petit manteau et sourds à nos cris, insensibles aux larmes d'une
mère désolée, ils la conduisent à la chapelle de l'hôpital, remplie
de femmes, mères, épouses et filles d'émigrés. Il s'y trouvait

jusqu'à la marâtre de ma mère.

Vers le mois de mai, la fureur se ralentit un peu ; mais la hache révolutionnaire fonctionnait toujours, surtout à Orange. Dans ce mois des fleurs on fit la fête de l'agriculture, deux bœufs magnifiquement caparaçonnés étaient attelés à un char paré de tous les attributs de l'agriculture ; il était escorté de laboureurs et de femmes tous endécadés et parés à la légère. Quelques jours après, on célébra la grande fête de l'Etre Suprême. On parcourait Aubagne en procession, ou en promenade. La garde nationale, les autorités avaient revêtu ce qu'elles avaient de plus beau, les femmes habillées de blanc, à la Spartiate, étaient armées d'une épée brillante. On se rendit au temple de la Raison (c'était à la paroisse). Ce temple était décoré des bustes des martyrs de la Révolution. Le maître autel de marbre était couvert d'une montagne faite avec des débris de rochers et de rocaille et ornée de pins assez élevés et de thyms.

Sur la façade de l'église étaient écrits ces mots : *Temple de la Raison*, et ces lignes : *Le peuple français reconnaît l'existence de l'Etre Suprême et l'immortalité de l'âme.*

Cette inscription avait été ordonnée par décret de la Convention.

Toutes les maisons de la ville avaient décoré leurs façades de guirlandes de fleurs et de feuillages.

On avait établi à Aubagne un comité du salut public et une compagnie de surveillants. Je supprime les noms des membres, que j'ai fort bien connus. A la moindre parole, à la démarche la plus insignifiante, ils exerçaient leurs rigueurs. Je vais en citer un petit exemple par lequel je terminerai cette époque d'horrible mémoire. Mon père dont la tête était mise à prix à cause de ses emplois durant les sections, ne trouvant plus aucun asile était venu se réfugier dans la maison. On nous avait tout enlevé ; nous manquions de subsistance : mon père fait signer à ma mère une petite lettre adressée à une débitrice de Roquevaire, nommée Magdeleine Garcin, petite marchande qui venait avant les grands troubles, se pourvoir chez nous à terme.

La lettre était écrite de la main de mon père, on me la confie et je pars pour Roquevaire passant par Beaudinar. A un endroit appelée la *foundudo*, je rencontre le citoyen Beuf, juge de paix et le citoyen Séchier, président du comité de salut public, je les salue et les dépasse, ils se tournent et me font arrêter. — Où vas-tu petit ? — Un peu plus loin d'ici. — Mais où donc ? — A Roquevaire. — A Roquevaire !.... Mais que vas-tu faire à Roquevaire ? Qui t'envoie ? Pour quel objet ? Réponds-nous.... Mais que fais-tu là ?.... Tu mâches un papier !.... (J'avais alors mis dans la bouche la lettre écrite par mon père, de crainte que Séchier, notre ancien commis ne connût l'écriture de mon père). F.... capon, crache ce papier !.... (Au lieu de le cracher je l'avale avec grand effort). B.... tu as avalé un papier qui contient sans doute quelque secret pernicieux. Ah gueux ! parles, parles, tu es fils de père... .. — Citoyen ne vous fâchez pas, ce papier est une lettre écrite par ma mère à une marchande de Roquevaire qui nous doit depuis longtemps, j'y allais pour me faire donner quelque chose. J'ai mâché la lettre de peur que vous ne chagriniez ma mère qui est bien malheureuse et nous aussi. — (Séchier). Votre père n'a plus rien, tout appartient à la nation, tout ce qui était dû à votre père revient à la nation. Comment s'appelle cette débitrice? — Magdeleine Garcin. — (Séchier). C'est vrai, de mon temps elle venait prendre de la marchandise à crédit. Mais tu n'en es pas moins un fripon d'avoir avalé cette lettre, allons, en prison, viens avec nous. » Arrivé au commencement de la grand'rue, Villard, qui commandait dans Aubagne en qualité de commissaire du gouvernement, vint à nous précipitamment. Le juge de paix veut lui raconter la scène que j'ai eue avec eux. Villard l'interrompant lui dit : Vous vous amusez avec un enfant, tandis qu'il s'agit d'affaires de la plus haute importance.... Sachez que..... Mais va-t-en petit. » Je m'éloigne transporté de joie.... Villard venait d'apprendre à Beuf et à Séchier la révolution du 9 *Thermidor* et la chute de Robespierre et de ses adhérents, 27 juillet 1794.

Les exécutions furent suspendues. Peu à peu les prisons furent ouvertes, les femmes, les modérés et les suspects furent mis en liberté ; mais il y eut de grandes difficultés pour la rentrée des émigrés. Enfin, le bon côté des représentants obtint un décret qui permettait le retour des émigrés dans leurs foyers, s'ils prouvaient qu'ils n'étaient pas sortis du territoire français, ordonnant la levée des scellés, la remise des biens et la restitution du titre de citoyen ; mais tout cela fut un sujet de discutions qui se prolongèrent à plus de trois mois.

La municipalité d'Aubagne fut changée et remplacée par des modérés. Le juge de paix fut remplacé ; M. Camoin des Aubes, père, fut nommé.

Au commencement d'octobre, mon père fut le premier à reparaître dans Aubagne un jour de dimanche. Cet évènement causa une grande émotion dans le pays.

A minuit, Pierre Blanc accompagné de fusillers, vint faire une rigoureuse visite pour le saisir ; mon père s'abrita dans sa cache habituelle. Dans la même nuit, il partit pour Marseille, habillé en femme un corbin sur la tête. Il alla rejoindre son asile ordinaire, sous la croix de Reynier, c'était un cabanon situé au quartier du petit Camas, en dessous de la guinguette de Monte-Christo; c'est là que durant un an j'allais le voir dans la nuit et lui porter de quoi manger. J'étais quelquefois arrêté par des patrouilles, je sautais les murailles pour les éviter.

Il reparut quelques jours après, mais il se rendit à la commune pour remplir les formalités voulues par le décret. Sa réintégration fut suivie de celle de tous ses consorts, qui avaient eu le bonheur de survivre à ce règne de terreur. Étant à la commune au milieu des officiers municipaux et d'un grand nombre d'assistants, il me plaça sur la grande table du conseil et dit à haute voix en me montrant de la main : Citoyens, vous voyez cet enfant, il m'a sauvé la vie, etc., etc.

Bientôt tous les prisonniers furent élargis, tous les émigrés rentrés, et les deux partis se trouvaient en présence, à une première décade tout le monde sans distinction se rend au Temple de la Raison (à la paroisse), mon père monte en chaire; il pérore il éclate, il électrise l'auditoire en tonnant sur le régime que l'on venait de traverser; lorsqu'il prononce ces mots : Où sont nos Barthelémy, nos Seigneuret, nos Cucurny?.... Ah!.... Les bêtes féroces les ont dévorés ! ! !.... » Un cri d'indignation se fait tendre...... Les uns renversent les statues de Marat, de Pelletier et autres exposées dans le Temple, les autres dévastent en partie la montagne qui couvrait le maître autel.

L'exaltation s'éleva à un si haut degré que plusieurs assistants durent leur salut à leur fuite. D'un jour à l'autre, les fureurs s'appaisaient : des prêtres parurent; on dit une messe dans la cour du château, faute d'autre localité. On commençait à respirer, les beaux jours semblaient revenir; mais je suis forcé de le dire. la vérité étant la muse inspiratrice de l'historien. Ce n'était plus le charmant pays d'Aubagne. D'abord, le pays avait perdu son

éclat depuis la fuite de l'évêque. Son château était la source qui
fécondait Aubagne. La fréquentation de la bourgeoisie au château;
la protection de l'évêque répandue sur les jeunes gens
qui se destinaient au sacerdoce, de là le grand nombre de prêtres
que fournissait Aubagne. Tous les pays environnants possédaient
un curé d'Aubagne, La Ciotat, Cassis, Le Bausset, Cuges, Roquevaire, Auriol, Saint-Zacharie, Peipin, La Penne, les parois-
ses du Terradou, Marseille enfin. Dans tous les temps Aubagne
avait fourni des littérateurs, des prédicateurs distingués. Arrivait-
il dans le diocèse une célébrité, dans les sciences, dans les lettres,
on se rendait au château de l'évêque, il se contractait liaison
avec la bourgeoisie du pays, la politesse des grandes villes était
commune dans les sociétés, dans les assemblés, dans les grands
cafés d'Aubagne même. Sans recourir aux beaux règnes de Louis
XIV et de Louis XV, il n'y a qu'à jeter un coup d'œil sur les
personnages qui occupaient les premiers emplois dans Aubagne,
au commencement de la Révolution; la bourgeoisie a subi le sort
du château, les familles se sont éteintes ou expatriées. Le goût du
beau a disparu; ce n'a plus été Aubagne, l'étranger qui y arrive doit dire comme le prophète : *Quomodo obscuratum
est aurum !*....

Ce changement ne serait pas si déplorable s'il n'avait pas in-
flué sur le caractère d'une partie des habitants qui, de persécutés
sont devenus persécuteurs; nous allons bientôt en produire de
funestes exemples.

Le parti royaliste exerçant sa domination dans toute la Provence, un rassemblement de républicains se forma dans Toulon;
ils en sortirent armés, dans le dessein de se rendre à Marseille et
de se répandre de là sur tous les lieux environnants. Marseille
leva une petite armée, munie de canons et se porta à leur devant.

C'était la seconde fête de la Pentecôte de l'an 1705 ; la rencontre se fit à la montée de Sainte-Anne, entre Cuges et Le Beausset. Il y eut combat, les royalistes étant en grand nombre eurent l'avantage ; ils firent un grand nombre de prisonniers qu'ils conduisaient à Marseille, pour être jugés militairement. Parmi cette foule de prisonniers se trouvaient deux Aubagnens, pères de familles, les nommés Debenay et Bourrasque. Comme le convoi passait par Aubagne, une partie des habitants se saisirent de ses deux derniers et les massacrèrent sur le grand chemin de Marseille, au premier contour de l'Ooule en plein jour.

Il s'était formé alors des compagnies, dites de *Jésus* ou du *Soleil*, tant à Aubagne qu'à Marseille, qui donnaient l'exemple à tous les déportements. C'était une partie de la jeunesse désœuvrée, passant la vie dans les cafés et se disant la quintessence du parti anti-patriote.

Quelques jours après cet assassinat, le 5 juin suivant, eut lieu le massacre des prisonniers détenus au fort Saint Jean, par les mêmes compagnies.

Revenons à Aubagne : au mois de juillet suivant, l'on emmena chargé de chaînes et emmenoté, Jean-Baptiste Domergue, l'ancien maire, il fut entendu quelques instants chez le juge de paix, M. Robert, dont la maison était située à l'extrémité de la longue rue qui conduit à Toulon. A sa sortie on le garrotte vers le chemin des Espaillières, vis-à-vis la fabrique de faïence et on l'assassine à coups de fusils. Avant de le jeter dans la fosse, on le fouille, on lui trouve le livre des évangiles, marqué au signet à la page du sermon de Jésus-Christ sur la montagne. Dans la même semaine on arrête Poutet le père, il est conduit en prison, où le concierge était alors Arnaud, estanayette, le Bossu. Depuis quelques jours cette prison renfermait quelques Aubagnens et deux Baussetans, entr'autres le chirurgien Bayle, l'ancien ami et camarade de Richelme, le naturaliste, chirurgien aussi par état, dont nous parlerons plus tard. Dans la nuit du 12 juillet, les assassins royaux montent à la prison, s'emparent de Bayle, d'Autier jeune, cabaretier, du père Poutet et des deux Baussetans, laissant les autres pleins d'effroi. La troupe prend le petit chemin de Marseille. On dit même qu'une femme faisait partie des conducteurs armés. Les Chouans portaient un fusil sur une épaule et une grosse pioche sur l'autre ; mais comme ce fardeau les importunait, ils forcèrent les prisonniers par des coups de stylet, à porter la pioche qui devait servir à les enterrer.

Arrivés à l'angle qui termine les prés de la Deidière, les deux Baussetans s'échappèrent ; on les poursuivit, mais vainement. Retournés vers les prisonniers restés sur les lieux, ceux-ci leur dirent : « Vous voyez, nous n'avons pas bougé d'ici, nous aurions pu nous échapper aussi, laissez-nous au moins la vie. — Non !! s'écrièrent tous. — Alors Bayle prit la parole et dit : « Qui est celui d'entre vous qui peut me reprocher de lui avoir fait du mal?.... Avant de m'ôter la vie, reprochez mon crime. — Tu es un scélérat, reprit la femme présente ; tu avais promis de m'épouser et tu m'as délaissée ; » en disant ces mots, elle enfonce son poignard dans le cœur de son ancien amant. Ses complices l'achèvent et massacrent en même temps les autres prisonniers ; puis ils les enterrent dans la même fosse.

Dans le même mois, on avait saisi Gurif, secrétaire de la commune durant le siège de Toulon, Lhéritier, ancien soldat en l'affaire du 10 août et quelques autres parmi lesquels se trouvait un savetier nommé Foi. En les conduisant à Aubagne les Chouans les assassinèrent et les enterrèrent dans la terre de Gravedelle, près du pont de l'Etoile. Je m'abstiens de donner les noms de tous ces bourreaux, par égard aux familles, je dirai seulement qu'aucun de ces sicaires, déshonneur de notre pays déchu, n'est mort de mort naturelle : les uns ont passé par les armes, les autres ont vu leurs jours tranchés par le glaive de la loi et d'autres enfin, ont terminé leur vie en s'entretuant les uns les autres.

Le représentant Cadroi gouvernait alors le département.

Après le 18 *Vendémiaire*, les royalistes furent forcés de prendre de nouveau la fuite. Les jeunes gens se réfugièrent dans les montagnes et les forêts environnantes ; notre famille alla demeurer pour quelques temps à Marseille. Mon père sortait peu et seulement vers le soir, car les rigueurs contre les émigrés avaient recommencé. La loi qui les avait tolérés avait été rapportée, ils étaient encore mis hors la loi et punis de mort. Un soir du mois de novembre, mon père traversait vivement le cours, un nommé Cadet Jouve de Roquevaire, l'aperçoit, le désigne à la garde, il est saisi et conduit au violon à la place Noailles où l'on renfermait pêle-mêle tout ce que l'on rencontrait pour faire le triage le lendemain devant les autorités. A la pension Reybert où je terminais mes études, on m'apprend que l'on avait emprisonné mon père : je cours au violon place Noailles, vis-à-vis la maison du riche négociant Hugues, habitée par le commandant Crillon, (Marseille était en état de siège). J'eus beaucoup de peine à être reçu. Je me glissai parmi de nouveaux prisonniers que l'on amenait, on y étouffait les uns sur les autres, une odeur infecte s'élevait du fond d'une cornue où, par besoin naturel, où par frayeur, chacun venait déposer. Je prends mon père dans un coin, je lui fais part du dessein que je concevais, il s'agissait de le faire évader et de prendre sa place. Il ne voulait pas y consentir, je l'en priai, je l'embrassai, je l'arrosai de mes larmes. « Vous êtes perdu mon père, si vous restez ici, vous connaissez la nou-

velle loi, demain on vous jette au cachot. » Enfin j'ai son adhé-
sion. — « Mais, comment feras-tu? — Vous verrez. » — Je
m'approche avec mon père de la porte. — « Oui, mon père,
dis-je bien haut, allez rassurer ma mère, dites-lui que demain
matin j'irai l'embrasser; allez ne tardez pas davantage, il se fait
tard; que voulez-vous que l'on me fasse pour avoir rossé un gre-
din qui est venu me chercher. » — Mon père m'embrasse, on
le laisse sortir. Je passai la plus heureuse des nuits sur une botte
de paille de seigle pourrie, dévoré par les puces, etc. C'est la
mauvaise odeur qui me repoussait le plus. Le lendemain à huit
heures, je fus conduit devant le commandant de place Crillon.
A l'air arrogant que j'affectais, il me prend pour un tapageur,
et me fait ramener au violon, d'où ma mère me fit élargir en
employant le commissaire du quartier.

Ces traits de dévouement filial sont constatés par certificats
émanés des autorités locales et de l'élite de la population. Il en
est de même des traits ci-après.

Les prisonniers qui furent reconnus pour anciens émigrés, furent traduits au fort Saint Jean, par ordre du commandant ensuite
jugés par une commission militaire et condamnés à être fusillés
sur la plaine. Deux Aubagnens subirent ce sort, M. Clément Blanc,
le plus paisible des hommes et M. Mathieu Jamet, et un peu plus
tard l'infortunée veuve Rey, née Verdier, Etienne Venuse, Baumier et quelques autres.

Peu de temps après Liégard remplace Crillon, et Villot vint
commander la division militaire. Les fuyards et les émigrés retour-
nent à Aubagne. M. Cartier est nommé commissaire du gouvernement. La municipalité est remplacée, Aubagne commence à
respirer. Ceci se passe en 1796.

Enfin, aux élections du 1er *Germinal* an V (21 mars 1797)

furent nommés municipaux, Joseph Christin, propriétaire ; Noël Etienne, maître cordonnier ; Jean Sibon, boucher ; Henri Cayol, tonnelier ; Jacques Cabasson, ménager, cette municipalité siégea jusqu'au 18 *Fructidor*. Durant ce laps de temps, Aubagne sembait revenu aux beaux jours de l'ancien régime. M. François Barthelémy, neveu de l'abbé Barthelémy, qui en 1790 avait été nommé ambassadeur à Londres, puis dans la Suisse, fut nommé membre du directoire exécutif. La ville d'Aubagne célébra à cette occasion une fête extraordinaire. On brûla quatre barriques engoudronnées, à la plate-forme du clocher au-dessus des cloches, contre la base de la flèche. Les réjouissances durèrent plusieurs jours. Durant ce temps, où les royalistes étaient ivres de joie ; la jeunesse qui portait le nom de muscadins, alla assassiner sur les aires, un pauvre berger qui gardait ses moutons ; elle se saisit d'un étranger patriote, détenu dans les prisons d'Aubagne, le conduit au chemin de la Caussette tout près de la grande route de Marseille, et forcèrent un brave et tranquille jeune homme, à lui tirer le premier coup de fusil, sous peine d'être assassiné lui-même, s'il ne le fesait pas. Deux personnages qui tenaient alors les premiers emplois du pays fabriquèrent de fausses écritures et firent arrêter et conduire aux prisons de Marseille, les trois prêtres vénérables, l'honneur du pays, qui restaient encore, MM. Chaillan, Déprat et Maurin, qui furent mis en liberté sitôt qu'ils furent arrivés devant le tribunal ; c'était en haine de ce qu'à l'exemple de leur évêque Mgr de Belloy, ces trois honorables prêtres avaient en 1791, obéi à la loi en prêtant le serment civique.

Le 18 *Fructidor* an V (8 septembre 1797), la Convention destitue et proscrit un grand nombre de représentants des cinq cents, parmi lesquels se trouvait Jourdan des Bouches-du-Rhône, fait arrêter Ramel, Carnot et notre Barthelémy et les déporte à Sinnamari, île de Cayenne. Toutes les autorités supérieures sont changées, mais Aubagne ne se rend pas au nouvel ordre de choses ; tous les émigrés et les royalistes des environs viennent s'y réfugier. La jeunesse chouane augmente sa fureur et sa rage. Le dimanche après la foire de Saint-Mathieu, de deux à trois heures après-midi, elle monte à la prison ; attenante à l'ancien château, force le géôlier à livrer quatres prisonniers détenus, les fait sortir dans la cour du château, tout près du puits à l'usage des seigneurs d'Aubagne et d'une profondeur aux abîmes, les dépèce à coups de sabres et les précipite dedans à demi-morts. Elle retourne dans la ville, s'empare d'une journalière, soupçonnée d'avoir été aimée d'un patriote, la pose devant derrière sur un âne, la promène sur toute la grand'rue dans cette posture, en appuyant sur son échine des coups de nerf à chaque demi-minute.

Le mardi suivant, 12 octobre, le général Lannes entre dans Aubagne à la tête de 2,200 hommes. Tout prend la fuite, il ne reste que des femmes et des enfants.

Le corps législatif rend une loi portant que tous les émigrés rentrés en France et non rayés définitivement devaient sortir du territoire de la république dans l'espace d'un mois, sous peine d'être jugés par une commission militaire et fusillés.

Le 16 *Brumaire* an V (6 novembre 1797), on renouvela la municipalité, sont nommés officiers municipaux : Tancrède Camoin, Christophe Celse, Joseph Guitton, Jean-Baptiste Fellen et Séchier président, Noël Plane commissaire de police. Le 15 *Pluviôse* an VI (3 février 1798), Séchier est nommé commissaire du pouvoir exécutif, en remplacement de M. Cartier.

Le 1er *Germinal* an VI (21 mars 1798), Charles Barthelémy Bœuf est nommé par les sections, juge de paix, ayant pour assesseurs, Joseph Chataud, François Dol, Tancrède Camoin et Cosme Tricon.

Le 1er *Germinal* an VII, aux élections, ont été nommés à l'administration municipale, Joseph Chataud, président, Piche, Guillen et Frèze.

C'est sous cette administration que se passa le fait suivant que je rapporte à regret puisqu'il me concerne individuellement, mais dont l'exemple ne peut être superflu dans un temps où la piété filiale semble insensiblemnt s'affaiblir : mon père ancien membre du comité général, émigré non encore rayé de la fatale liste, se trouvait encore caché dans la maison, grand'rue à côté de la maison Barthelémy, elle appartenait alors au représentant Jourdan. Vers le midi nous entendons rouler de grosses pierres dans les canons des cheminées. Sestier qui jetait ces pierres du haut du couvert, voulait empêcher que l'on ne se cachât, et ce fut un signal pour se cacher; mon père ainsi averti, se blottit dans sa cache ordinaire. La police arrive escortée d'un maçon, qui dit en entrant, un gros marteau sur l'épaule : « C'est moi qui ai bâti cette maison, j'en connais tous les recoins, on sera bien fin si l'on m'échappe, et puis (montrant son marteau à démolition) voilà le compère. » Les agents de police se présentent : c'étaint Rey des Aubes, Aillaud David et Col le Piémontais, nouvellement dans la police. Après la visite de la cave et du rez-de-chaussée, on monte au premier étage, tapissé en toile peinte. On frappait le mur tout à l'entour ; un endroit retentit, c'était le lieu de la cache. « Ça sonne, dit l'un, c'est vide, il faut frapper là. » Le maçon lève le marteau pour exécuter. Je lève la main pour le retenir et dis : « Qu'allez-vous faire? Mon Dieu ! vous allez rompre cette belle tapisserie, faire un trou à la cheminée, nous occasionner des frais, nous sommes de pauvres orphelins.... N'allez pas si vite, c'est un canon de cheminée, vous dis-je.... — Non, dit le maçon, le canon doit être plus loin, de ce côté.... — Eh bien! montez au second, il n'y a pas cette belle tapisserie et vous verrez.... — Montons, dit Rey des Aubes. » Nous montons ensemble, avant d'être au dernier degré, je me fais tomber le visage contre terre, on me relève la figure en sang. Les agents de police font apporter de l'eau, on me lave, on me pense, on parcourt rapidement le second étage, je reste sur l'escalier, me couvrant la figure de pièces. On ne parle plus du canon de cheminée qui n'existait pas. On monte au troisième, au galletas, on descend encore à la cave.

Enfin, l'on sort de la maison ; où dès fusillers les attendaient, ayant l'air de se moquer de ce qu'ils n'avaient rien trouvé. Ayant fermé la porte d'entrée, je montai au premier, où j'avais laissé ma mère ; je la trouvai évanouie sur le canapé, vis-à-vis l'endroit que l'on voulait abattre. Quand elle fut revenue à elle, elle dit qu'elle avait perdu connaissance à l'instant où elle vit le maçon lever son marteau pour ouvrir la cache, etc.

Ce fait est encore constaté par l'autorité et le public de ce temps.

En me voyant si dévoué à ma famille, famille d'émigrés, les enfants de ceux qui dominaient alors le pays, m'avaient pris en haine. Un jour en passant à Saint François, où plusieurs d'entr'eux se trouvaient, je fus saisi par derrière, jeté à terre et traîné sur la grand route ; je dus mon salut à la sœur de ma mère, la dame Rey, qui accourut à mon secours et m'arracha de leurs mains.

Enfin, le 18 *Brumaire* an VIII, une révolution éclata.

Bonaparte déserte l'armée d'Egypte, renverse le Directoire exécutif, dissout les deux conseils, se fait nommer Consul avec Cambacérès et Lebrun ; il donne la constitution dite de l'an VIII ;

change la forme de l'administration, nomme des préfets et des sous-préfets. Le premier pour Marseille est Charles de Lacroix, l'aménité de son caractère et son exquisse politesse, le font aimer de tous ses administrés. C'est lui qui donna le plan pour les embellissements de Marseille; ils ont été exécutés dans la suite.

Les émigrés furent rappelés et rayés de la liste fatale, le clergé est réintégré, les temples rouverts, les clubs abolis et toutes les municipalités furent changées.

Le 18 *Germinal* an VIII, le Premier Consul nomma pour Aubagne, Alexis Guillen, maire, Joseph Chataud et Antoine Taurel, adjoints, Cosme Tricon, commissaire de police. Le conseil municipal fut composé de trente membres, dont l'opinion était mitigée.

Guillen ayant donné sa démission de maire, il fut remplacé par M. Léandre de Martel, ancien contre-amiral, le 4 *Vendemiaire* de l'an XII (27 septembre 1803).

Le 14 *Brumaire* an XII (6 novembre 1803), le conseil vota la somme de 4,517 francs pour l'achat des objets néessaires au service divin en la paroisse d'Aubagne.

Le 28 *Floréal* an XII, Bonaparte est nommé Empereur.

Le 11 *Messidor* an XII (30 juin 1804), acquisition de l'église de l'Observance des sieurs Castelin, Barlès et Taurel, qui en avaient été adjudicataires lors de la vente aux enchères quelques années auparavant. Ils s'en démirent sans exiger aucune indemnité. Le 30 *Frimaire* an XII (22 décembre 1803), M. l'avocat Sivan avait été nommé juge de paix en remplacement de Beuf père. Le quatrième jour complémentaire de l'an XIII (20 septembre 1805), M. Antoine Colomb est nommé maire. Depuis la démission de M. de Martel, occasionnée par la construction de l'écluse Auffren, Chataud était maire par intérim.

Le 14 avril 1813, M. Arnoux est nommé maire en remplacement de M. Colomb démissionnaire. Amiel et André, officiers retraités sont adjoints.

Le 4 septembre 1803, les moulins à farine sont aliénés par la commune en faveur du Sieur Bethfort.

HISTOIRE D'AUBAGNE.

TROISIÈME ÉPOQUE.

LA TROISIÈME ÉPOQUE COMMENCE EN 1814 ET A SA FIN EN 1845.

Le 31 mars 1814, l'armée des alliés entre à Paris qui les reçoit en frères. Bonaparte signe sa déchéance dans le palais de Fontainebleau. Les Russes, les Anglais, les Autrichiens et les Prussiens se répandent dans toutes les villes de France. Le peuple délivré de la guerre, de la conscription et des droits réunis, se livre partout à la joie et la manifeste.

Louis XVIII prend la couronne de France. Le comte d'Artois, son frère, nommé lieutenant du royaume est son précurseur. Bonaparte s'enfuit de l'île d'Elbe, où il avait été interné ; il arrive à Paris le 20 mars 1815. Les Aubagnens toujours grands royalistes, forment une compagnie franche, dans l'intention d'arrêter sa marche. Elle s'avance vers Sisteron, jusqu'à la Saulce. Elle retourne à Aubagne, après avoir commis mille dégats.

Après la bataille de Waterloo gagnée par lord Welington, Bonaparte est déporté à Sainte-Hélène. Le parti royaliste est livré à une fureur extrême contre tout ce qui est soupçonné de Bonapartisme ; on les appelait en Provence leis *Castagniers*. On les massacre partout où on les atteint, surtout à Nîmes, à Marseille, à Aubagne on assassine Beuf, qui avait été commandant à Aubagne en 1798. On ne pouvait reprocher à Beuf que son opinion libérale. Étant en place, il ne fit jamais de mal et empêcha toujours d'en faire, il était surtout bon Aubagnen.

Aubagne envoya aussi un détachement de volontaires pour observer les troupes fuyant de Toulon, où s'étaient réfugiés le général Brune et le général Verdier, commandant la huitième division militaire. En passant à Belcodéne, ces volontaires commirent des brigandages dans les champs. Ces faits déshonorants se commettaient dans le temps que le maréchal Brune passait à Avignon, où il fut assassiné et jeté dans le Rhône.

Les Autrichiens, les Anglais et les Siciliens formant une troupe de quinze cents hommes, se rendaient à Aubagne le 3 août 1815 ; des femmes, des jeunes filles accueillent ces soldats étrangers avec un empressement de témoignages d'amitié qui outrepassaient une honnête bienséance ; elles furent chansonnées à cette époque d'effervescence délirante de persécutions pour s'acquérir le nom de royalistes, on voulut avoir pour maire, M. de Martel, il se démit le 4 octobre 1817.

Le 23 novembre de cette dernière année, il fut remplacé par l'honorable et infiniment estimable M. Martinot, notaire, si digne d'administrer son pays, par le respect qu'inspiraient son rang, sa naissance, ses idées toutes libérales, son affabilité, son abord populaire, ses antécédents dans la bonne cause et sa constance à maintenir les anciens usages de la cité, son appui protecteur à tout ce qui dénotait quelque mérite. Il eut pour adjoints MM. Bouis et André ; il contribua à l'érection de la statue de l'immortel abbé Barthélémy, son parent. Il fut l'auteur de la suppression de la bannalité des fours à Aubagne, décidée par jugement du 19 mars 1824 et confirmée par arrêt de la cour d'Aix. Et ce vrai et loyal légitimiste par sentiment et non par intérêt comme tant d'autres le devinrent après la Restauration, donna sa démission de maire à la révolution de 1830.

Je m'honore d'avoir été son collègue dans le notariat, son confident et son ami dans les banquets du corps et les assemblées notariales.

La commune d'Aubagne fut taxée à la somme de 48,932 fr. pour contribuer aux dépenses faites par les troupes alliées dans notre département.

Le 23 février 1826, placement de trois cloches à la tour de la paroisse en remplacement des trois enlevées en octobre 1794, sous l'administration de Camoin dit Ciéron. Le 23 avril 1827, la foudre, pour la seconde fois fend le clocher de cette église et pénètre dans son intérieur ; la force électrique respecta les tableaux des pénitents noirs, dont l'un seulement eut le cadre un peu noirci. La réparation du dommage coûta la somme de 1,924 francs 98 centimes.

Le 22 mai 1827, acquisition de la maison Lions pour servir de nouvel hôtel de ville, au prix de 9,000 francs : on la démolit, puis on la rebâtit à grands frais ; enfin, il fallut la doter d'un ameublement convenable à sa destination, ce qui fit monter la dépense à 27,000 francs. Le conseil aurait pu épargner cette dépense en fesant allonger par derrière l'ancienne commune située sur la principale place du pays. L'estimable M. Ségond, riche propriétaire, succède à M. Martinot, mais pour peu de temps ; la mort l'enleva bientôt aux Aubagnens qui eurent à le regretter. M. Beaumond vint après lui : il était généreux, bon ami, aimant

à faire le bien, surtout envers les infortunés de sa commune ;
mais ses largesses et un faste étalé au-dessus de ses moyens, d'ailleurs assez avantageux, minèrent son bien-être, causèrent sa chute
et ensuite sa mort prématurée. Mais avant son décès, il eut la
disgrâce de se voir remplacer par un membre du conseil, qui lui
fournissait ainsi qu'à bien d'autres tant de matière à hilarité.

C'était un Avignonais, établi à Aubagne depuis peu, ne con-
naissant ni les traditions du pays, ni le caractère des habitants.
Il fut nommé maire par le gouvernement. Il s'appelait Amat.

A son avènement à la mairie, je me trouvai chez un personnage
très-haut placé, qui me dit en parlant de ce nouveau maire : On
dit que son moindre défaut est d'être, en toutes choses, passable-
ment ridicule. Je fréquentais la maison Beaumond durant son
administration ; lorsque l'ennui nous prenait, nous envoyions prendre à la commune le registre des délibérations et nous lisions les
discours que le conseiller Amat avait écrits et prononcés en conseil. Ces discours qui nous faisaient épanouir la rate, sont du même style que la réponse faite par M. le maire Amat aux instituteurs d'Aubagne, quand ils furent lui adresser des représentations sur le projet qu'il avait formé d'établir les frères à Aubagne.
Les instituteurs proposaient de se charger eux-mêmes *gratis* de
l'instruction des enfants indigents.

M. Amat leur répondit, le regard fixé au plancher :

« Oui, Messieurs, l'institution de l'instruction est toujours plus
précieusement agglomérée aux soins administratifs et urgents d'un
corps dont l'éminence prépondérante, officieuse et perspicace,
ouvre plus ingénieusement l'accès scientifique et élémentaire à
l'enseignement mémoratif et à la conception vitale et multiple du
jeune âge. Il est universellement notoire qu'une réunion compacte
et d'une assiduité élogieuse entraîne plus puissamment à l'attrait

glorieux de la science et des beaux arts, qu'une relaxation oiseuse peu apropriée à l'alimentation intellectuelle. Il est à considérer que tout système catégorique et universel enfante merveilleusement des succès d'une délimitation supérieure au-dessus de toute argumentation logique et de tout paralogisme idéal. Vous voyez par là, Messieurs les instituteurs, que l'établissement instructif des frères est indispensable et d'une nécessité providentielle dans cette commune. »

« Mais, repartit l'un des quatre instituteurs, cet enseignement gratuit est très borné....... — Borné ! dit M. Amat, sachez Messieurs, que tout ce que je sais, je le tiens de ces chers frères ; je n'ai jamais eu d'autres maîtres qu'eux. — Nous en sommes convaincus » dirent les quatres instituteurs à la fois et ils sortirent heureux de n'avoir pas éclaté de rire.

Une école secondaire existait encore à Aubagne, elle était la dernière depuis des siècles ; on allait la détruire. C'est un mystère d'iniquité qui sera découvert un jour. On allait entrer en vacances et couronner les vainqueurs après un exercice littéraire, offert au public dans l'hôtel de ville. Des auteurs français, grecs, latins, étaient déposés sur les tables, pêle-mêle avec des pièces de dessin, de belle écriture, des cartes géographiques, des plans de géométrie, etc.

M. le maire Amat prend en passant une pièce de calligraphie, y jette un coup d'œil de mépris, disant : Eh bien ! celui qui a fait ça est une bête. — Mais, Monsieur le maire, l'élève qui a écrit cette pièce, va vous expliquer desuite un passage d'Ovide, de Cicéron, à votre choix. Aujourd'hui l'Université exige que l'on écrive le latin, le français et autres langues, en caractères bien lisibles. — Et moi, je vous répète que celui qui écrit bien est une bête, bête renforcée......

Ce propos fut tenu en présence de M. Vial, Secrétaire de la mairie et de M. Aubert père, honorable conseiller, accouru pour assister aux exercices littéraires. Au décès du maire Amat, il existait encore dans cette commune des personnes qui auraient pu dédommager le pays de la gestion du maire Amat; des notaires instruits, des propriétaires de distinction ne manquaient pas pour être promus à cet emploi, mais aucun ne voulait accepter. L'autorité supérieure fut restreinte à remplir ce vide, par l'individu que la loi désigne quand il arrive le cas extraordinaire de manquer de magistrat; le 1er conseiller devient maire. Le cas est échu, des adjoints nommés ont renoncé.

Enfin, le système Amat continuant à être suivi par ses successeurs, nous sommes charmé d'avoir, dans le prospectus qui annonçait cet opuscule, fixé à cette année 1843, sous l'administration Amat, le terme de cette esquisse historique, que le seul amour du sol natal a inspirée et qu'une véracité obligée et un peu radoucie devait circonscrire.

Campagnes Environnies. Beaudinar (1).

Aubagne est un pays essentiellement agricole : à l'exception de quelques fabriques de poteries et de deux ou trois manufactures de faïence, la presque totalité de la population est livrée aux travaux des champs et aux transports du roulage. Aussi ce pays est remarquable par la grandeur et la bonté de son terroir ; presque au centre duquel Aubagne s'élève sur une éminence, couronnée par une plaine pavée, d'où l'œil lance avec plaisir ses regards variés, sur tous les points bornés par un cercle régulier de belles collines, et en particulier sur l'étendue de ce Beaudinar, de ce moderne Eden de la Provence, contenu depuis le pont de l'Etoile, entre le rivage droit de l'Huveaune et le canal d'irrigation qui s'y alimente. Cette plaine délicieuse est parcourue en tous sens par de jolis ruisseaux qui serpentent agréablement en fertilisant le sol embelli d'une variété infinie de jeunes plantes et d'arbres productifs et même de luxe, qui répandent l'abondance et la fraîcheur. Là, une vigne féconde s'élève à niveau de l'épi ondoyant, la fraise se dessine à côté de l'oignon abondant, le haricot ambitieux s'élève sur le jujubier, de splendides cerisiers aux branches élastiques et parées d'un corail suspendu, rivalisent de taille et d'étendue avec le noyer ; l'amandier, le pistachier gourmet, et le paisible olivier sont mêlés parmi les asperges, les rosiers, l'aubépine et le grenadier ; l'œillet de toutes couleurs, la modeste violette ornent au bord d'un ruisseau le pêcher de Pavie, le poirier commun, l'arbre au fruit d'Adam, situés pêle-mêle avec le

(1) Dans le XVIe siècle on prononçait et on écrivait *Beldinar* et jamais de *d* final.

figuier Marseillais, l'azerolier et le prunier à fruits couleurs de
cire. Des tiges à feuilles dentelées tapissant le sol, surprennent
le regard par l'appareil de la pastèque multiforme, du melon
jaunissant, la courge de façon instrumentale, l'immense citrouille,
fardeau de la terre, s'entremêlent avec l'aubergine, le concom-
bre, la pomme d'amour à la feuille odorante au fruit écarlate.
Tout ce mélange enchanteur est entre-coupé par des bouquets de
roseaux, des haies vives de rosiers sauvages et de cognassiers.
C'est dans ces sites luxurieux habités souvent par des agriculteurs
inquiets et toujours avides, que l'observateur judicieux, l'amateur
de la belle nature, s'écrie :

« *O fortunatos nimirum, bona si sua norint*
« *Agricolas !*

Cette magnifique plaine se trouve sous l'aspect imposant de
Gardelaban, dont le faîte vénéré par les habitants de la contrée,
se cache souvent dans les nues en bravant la foudre et la tempête.

C'est le Parnasse des Aubagnens (du temps jadis).

Vers le milieu de cette plaine splendide, l'on a élevé, dans le
XVIIe siècle une chapelle dédiée à Notre-Dame-des-Neiges ; elle
est très fréquentée le dimanche, par les habitants du quartier.
Durant les orages de la Révolution, cette chapelle fut vendue aux
enchères publiques. Dans des vues de conservation, elle fut ache-
tée par le père du sieur Long-Laget, habitant le quartier limi-
trophe de Soluns, et rendue intacte au culte à la réouverture des
temples catholiques sous le Consulat.

Sous la Restauration, on agrandit la chapelle aux frais et sur
le terrain du sieur Martin dit Pépidon, propriétaire, il fit don
gratuit du terrain nécessaire pour son agrandissement. A son décès la cloche fut mise en branle toute la journée pour annoncer

au quartier la perte de son bienfaiteur. La providence n'a pas
manqué de récompenser cette œuvre, même dans ses descendants,
entr'autres faveurs du ciel, une de ses petites filles, établie dans
la classe aisée de la population Marseillaise, se fait admirer par
de rares qualités ; on est incertain de décider ce qui l'emporte
dans sa personne, ou les charmes d'un physique ravissant, ou les
gracieuses vertus de son cœur.

Depuis, Beaudinar et Solans, dont les riches coteaux forment le
piédestal du superbe Gardelaban, les habitants sont unis d'une
étroite amitié ; il n'en est pas de même avec les habitans de Saint-
Pierre, qui en sont séparés par l'Huveaune. Cependant ce dernier quartier a eu l'avantage d'être rendu à la religion chrétienne
le premier de toutes les contrées environnantes. Son antique chapelle, dont la structure indiquait le V⁰ siècle, et, qui en 1840
a été confondue avec la nouvelle bâtisse actuelle, avait eu titre
de paroisse avant que cette prérogative ne fût transférée à l'église
d'Aubagne ; mais Aubagne adopta pour son patron ce prince des
apôtres : le jour de sa fête, le clergé de la ville arrivait en procession à l'ancienne chapelle du hameau, accompagnant le buste
du Saint, porté par les pénitents blancs. Une grand'messe solen-
nelle était célébrée, et après une légère pause, on rapportait pro-
cessionnellement le Saint patron à la ville ; le Saint cortège parcourait les principales rues, au son des galobets et des tambourins,
les abbas et les joies y assistaient, à midi on rentrait à la paroisse.
Après-dîner avaient lieu la course des hommes, les trois sauts
et autres jeux gymnastiques. Un bal élégant était ouvert en place
publique et se prolongeait bien avant dans la nuit ; le dimanche
suivant le train se continuait à Saint-Pierre ; on exécutait la course
des chevaux et autres. La population d'Aubagne s'y rendait en
chantant. Des salles vertes étaient disposées pour des bals bril-

lants et des festins. La fête de Beaudinar étant remise alors à ce dimanche, toute la troupe joyeuse du beau sexe et la jeunesse qui l'escortait, allait accroître et embellir le trin de Saint-Pierre. La plupart des maisons de campagne de Beaudinar et de Saint-Pierre étaient pavoisées ; on n'entendait que chants d'allégresse. Une joie pure, honnête, décente, présidait aux plaisirs de ces deux heureuses contrées.

La population d'Aubagne a suivi les phases de sa prospérité et de sa décadence, ainsi : Durant la domination des Romains, Aubagne comptait . . . . 2,000 âmes.
Au moyen âge . . . . 6,000 —
Du XIIIe au XVIIe siècle . . . . 8,100 —
En 1700, la population s'est élevée à . . . 8,600 —
Après la peste de 1720-21, on n'a plus compté que . . . . 6,800 et même 4,850 —
Sous le règne de Louis XIV . . . . 6,000 —
Sous Louis XV . . . . 7,000 —
Enfin, au commencement de la Révolution en 1790, le recensement a compté . . . . . 7,100 —
Aujourd'hui, ce pays est réduit à . . . . 6,300 —
ville et banlieue comprises.

Les plus beaux jours d'Aubagne se sont passés sous Louis XIV et Louis XV. Durant les baronnies de Belzunce et de Belloy. Sous le protectorat de ces deux grands prélats et seigneurs, les talens étaient encouragés, rémunérés par des emplois.

Outre les avantages des talents et des lumières dont le ciel avait favorisé le pays il se distinguait sur les populations environnantes dans les exercices palestriques. Les prix de la course, des trois sauts, de la lutte, du tir, du chant sacré et profane et autres jeux étaient toujours décernés aux Aubagnens ; ils n'avaient pas d'égaux dans la Provence, dans les jeux du ballon et de la paume. Dans les réunions des municipalités aux assemblées générales de la province, les trompettes d'Aubagne la famille Gautier, s'en retournaient avec leurs instruments ornés de Lauriers. La population d'Aubagne était surtout renommée par ses mascarades, ses filoués, ses olivettes, les agassons, la composition des chansonnettes populaires innées dans quelques familles. La danse qui règle les mouvements et la noble contenance du corps y était en honneur.

Par la force, ils tenaient des Albiciens, intrépides défenseurs des enfants de la Phocée, dans des temps contraires au développement de leur grandeur primitive et devenus les enfants adoptifs de l'antique Massilie, la sœur de Rome, l'Athènes des Gaules.

Les Aubagnens s'impressionnaient de l'exemple qui stimule, se passionnaient de l'amour du beau qui élève l'âme ; ils étaient surtout grands amateurs du chant.

Une famille, celle des Baubet, s'est rendue remarquable par un zèle dévorant pour tout ce qui concernait les intérêts de l'église paroissiale, l'éclat de la belle sonnerie qu'ils dirigeaient, les cérémonies les usages traditionnels ; ils étaient également poussés par un amour passionné pour l'éclat et la splendeur de l'association des pénitents noirs. Cette famille notable par son inviolable dévouement à la carrière sacerdotale, aux établissements religieux, se partageaient en deux branches qui rivalisaient d'empressement et d'amour. Leur assidue fréquentation avec les prêtres les plus éclairés du pays, leur fournissait des connaissances exceptionnelles à leur état et leur valait une renommée éclatante. L'un d'eux le sieur Vincent Baubet, mort nonagénaire, était la bibliothèque parlante de la ville, il ne se passait pas un seul évènement, pas un seul fait dans le domaine de l'église, dans l'exercice des établissements religieux, dans les règlements de la commune, dans les variations de la maison épiscopale, les fêtes les malheurs publics, les foires, les singularités des hommes publics, les nominations et les changements des sociétés religieuses, dont il ne fut capable de donner des notes, des dates exactes, des dénominations précises, des détails curieux, des notions surprenantes.

La résidence des 2 derniers évêques faisait qu'Aubagne était une source de sacerdoce. Ils avaient table ouverte pour les habitants de distinction et pour toutes les renommées qui visitaient notre diocèse; de là, cette politesse qui se répandait dans le pays. Le désir de s'instruire, le respect pour les lumières, l'émulation dans tous les arts, dans les rangs même les plus infimes; De là, les réunions pour la science de l'harmonie, pour l'acquisition des connaissances. Dans ces temps heureux, les Aubagnens avaient une réputation brillante pour tous les exercices du corps, pour tous les talents agréables, comme pour le fruit de l'intelligence et l'enthousiasme du beau.

Depuis qu'Aubagne a vu disparaître ses grands pasteurs, ses véritables pères, depuis 1791, Aubagne est échu insensiblement dans la décadence qui lui a laissé bien peu de son ancien caractère. C'est surtout après le règne de la terreur, que l'on s'aperçut de ce fâcheux changement. La perte de quarante ou cinquante habitants, victimes ou expatriés, les changements d'usages, introduits par l'ambition étrangère et égoïste des intrus, le découragement des indigènes, supplantés par la force regrettable des évènements, il n'en fallait pas davantage pour bouleverser l'esprit, les habitudes, les occupations, le goût le penchant des habitants.

Tant de familles bourgeoises qui faisaient briller les fêtes en donnant l'élan à la population. Ces belles familles qui ont disparu, et que le pays regrettera sans fin, pourquoi m'abstiendrais-je de les nommer?

La famille de Seigneuret, haute naissance et valeur; celle des nobles de Martel, talens élevés emplois éminents; la maison de Bausset, princes de l'église; la famille Rastègue, splendeur du pays; les deux célèbres maisons Barthelémy de Linche et Jourdan des Bouches-du-Rhône, la gloire d'Aubagne, l'honneur de la Provence; les diverses familles Barthelémy, Antoine, Roch, la famille Barthelémy, contrôleur des finances, la maison Linche; la belle et nombreuse famille Tourneau; la notable famille Bernard, les familles Colomb, avocat, Chaulan, avocat, Lautard, avocat, Martinot, avocat, Rey, avocat, la famille Jourdan, ancien juge de la ville, beau-frère de Barthelémy, pair de France. les familles Girand et Jayne, si riches en propriétés; l'opulente maison Sivan, de l'hôtel Notre-Dame; la maison Jourdan Tête-Noire et Jourdan Teich, les familles Pinet, Fantain, Moussard, Bérenger, avocat, Etienne Chourre, Cartier, notaire, Olive, Mille, Déprat, Chaulan Main-de-Fer, Mane, Brun, Etienne frère lai, Robert, Brémond, Blanc de Villeveuve, Ramel, médecin, Paris, les familles Ramel rue longue, Laget, Longis, Maurel, Beaumont, d'Albert, Laudon, Magnin, de Saissieux, les maisons Christin, Sermel, David de Gravedelle, Deidier, Pascal.

Est-ce un ange exterminateur qui est venu immoler ces honorables familles, disparues sans laisser de postérité, ou dont quelques descendants se sont expatriés, et ont abandonné le pays à sa décadence progressive? Toutes ces riches familles étaient consulaires. Des étrangers de tous pays sont venus s'emparer de ces belles contrées.

Tout s'est rendu accessible à leur ambition intéressée, administration civile et judiciaire, carrière cléricale, monopole privilégié, entreprises lucratives, établissements d'instruction, jusqu'aux sinécures tollerées par l'incurie départementale. Les belles propriétés, les capitaux ont passé dans des mains étrangères, *hereditas nostra versa est ad alienos*. On a changé les usages, la manière de vivre, la disposition des temples, amoindri la splendeur des fêtes publiques, supprimé ce qu'elles avaient d'attrayant aux yeux des populations, substitué des intonnations vulgaires, aux chants sublimes, animés et traditionnels qui rappelaient les beaux jours de la ville d'Aubagne.

Une génération opulente, gaie, spirituelle, est dégénérée en classe ouvrière, agricole, obséquieuse, d'une soumission exemplaire, mais tenant de la matérialité.

Supplément à l'histoire.

En 1846, des raisons de famille m'attirèrent à Marseille, où je fixai mon domicile. Deux ans après une révolution éclata dans la capitale. Le gouvernement qui s'y établit délégua desuite des commissaires dans les départements ; ils étaient chargés de pleins pouvoirs pour régler le nouvel ordre de choses, notre département reçut M. Emile Olivier, jeune homme de 23 ans, accompagné et guidé par son père, M. Démosthène Olivier, personnage déjà fort connu dans nos contrées, dont il était originaire, et, qui était un des chefs du parti populaire, avait depuis peu pactisé avec M. Berrier et les partisans légitimistes dans un nombreux banquet qui eut lieu au château de la Moutte, et auquel j'assistai moi-même. C'est dans cette confraternité des deux partis contre le gouvernement de Louis-Philippe que je fis connaissance de M. Démosthène. Sa première occupation en arrivant avec son fils à Marseille, fut de préparer des candidats de son opinion à élire pour la représention nationale.

Il me fit appeler et m'offrit la mission d'aller à Aubagne et ses environs, disposer les populations à des choix conformes à la marche du nouveau gouvernement. Je balançai avant d'accepter un pareil emploi ; mais enfin pensant que je pouvais faire beaucoup de bien où j'étais né, en faisant nommer M. le marquis de Barthelémy, ancien pair de France, comme nous l'avions envoyé naguère au conseil général du département, comme son frère M. Sauvaire Jourdan, au conseil de l'arrondissement, je me décidai à accepter.

Arrivé à Aubagne paré des couleurs du jour, dont on m'avait décoré à l'hôtel de la préfecture, j'eus à blesser la vue de mes anciens amis, qui avaient connaissance de mes nombreux antécédents et de ceux de ma famille.

Je mis à profit cette espèce de déception, pour travailler avec plus de ferveur encore à remplir le dessein que j'avais conçu. J'abordai les personnages les plus notables, les plus influents de la cité et du canton, les Bernard, les bureaux des receveurs, les sociétés les plus fréquentées, les gens de la campagne, les ouvriers. Notre puissant et noble protecteur fut nommé à une grande majorité, il l'eût été de même, sans mes faibles démarches accomplies par l'impulsion d'une éternelle reconnaissance.

Durant mon petit séjour à Aubagne, je ne pouvais manquer d'aller rendre un hommage à M. Auguste Négrel ; il eut l'indulgence d'approuver mon espèce de déguisement dans le but salutaire que j'avais conçu, et comme il m'avait toujours favorisé d'une confiance aussi flatteuse qu'elle était inappréciable, il voulut bien me faire part, mais d'une façon très générale des projets de bienfaisance qu'il nourissait dans son sein.

Je ne puis résister au désir de tracer ici quelques lignes sur la vie et les actions de cet homme recommandable.

M. Augute Négrel naquit à Aubagne, le 6 mars 1772.

L'aimable douceur de son naturel, son extrême modestie, son goût pour le silence et la retraite, sa passion unique pour l'étude, tant de précieuses qualités le destinaient au sacerdoce ; arrivé à l'âge de prendre les ordres, après s'être distingué dans les établissements d'instruction les plus estimés de la province, il eut la douleur de voir ses desseins paralysés par la Révolution. Dès lors, il tourna ses vues et fixa ses goûts aux sciences naturelles. particulièrement à la chimie sur laquelle le génie de Lavoisier venait d'apporter son flambeau.

L'autorité frappée de ses vastes connaissances lui confia la direction supérieure du laboratoire de chimie et de pharmacie du grand hospice du Saint-Esprit à Marseille. Cependant son esprit ne trouvant pas un champ assez vaste pour s'étendre et se développer, il fonda lui-même une pharmacie selon ses goûts, y attira la renommée dont ses talents et ses lumières étaient propres à l'enrichir et après un certain temps il la céda à un de ses élèves, et rentra dans la maison paternelle pour y vivre dans la contemplation, y jouir en silence de ses savantes lectures, réjouir sa vue des tableaux de la belle nature, dont les champs d'Aubagne offrent des sites si variés, et surtout nourrir son cœur d'une piété éclairée, et lui procurer le bonheur suprême de verser sur ses semblables le baume des consolations et les secours de la bienfaisance.

Dans les derniers temps il s'était lié d'amitié avec un respectable vieillard, digne de son estime. Il n'était point né à Aubagne, mais il l'habitait depuis longues années ; il était héritier présomp-

tif de plusieurs maisons notables du pays. Ces deux amis se réu-
nissaient à la campagne de l'un ou de l'autre, pour cette réunion
ils avaient même convenu de certains signes particuliers de présence ou d'absence. Heureux qui aurait pu être témoin de leurs
entretiens, roulant sur la morale, sur des sujets scientifiques, et
surtout sur la littérature, à laquelle ils étaient portés d'un goût
exquis, la littérature ancienne, c'est-à-dire la seule belle littérature dominait toujours dans leurs conversations. Ils déploraient
la décadence du goût arrivé environ depuis un siècle ; ils blâ-
maient cette enflure dans les pensées et dans les expressions, l'affectation dans l'emploi excessif des figures, dans la coupe des
phrases, à ne faire qu'un style haché, sautillant, bien que souvent
obscur et enveloppé, sur le mélange, ou la confusion des divers
genres de littérature qui fesaient écrire une simple narration
comme autrefois on traçait un morceau d'épopée ; enfreignant les
lois de la langue, comme ces locutions vicieuses : *vis-à-vis* pour
à l'égard, qui ne se dit que pour les rapports physiques : *hypo-
thèse* pour supposition, qui ne s'emploie proprement que dans
le style de palais, ou de pratique ; la duplicité des *on, l'on*, des
qui relatifs, la construction si abusive de la préposition *de*, jointe
au modificatif d'un substantif vague, indéterminé, et une infinité
d'autres infractions aux lois qui régissent la plus belle des langues
modernes.

Cet estimable vieillard, M. Aubert, cet ami du philosophe
chrétien, qui mérite l'épithète si flatteur de *le sage*, mourut
avant lui laissant un fils devenu citoyen de la ville en formant une
alliance de distinction, et ses mérites lui attirant les suffrages
constants de l'universalité des habitants qui l'attachent au conseil
municipal et l'élèveraient à la tête de l'administration, s'il voulait
consentir à remplir cet emploi.

La ville d'Aubagne a eu le malheur de perdre M. Auguste Négrel en février 1855, avant de mourir il jeta les yeux sur un sujet qui devait hériter de sa modestie et de ses intentions bienfaisantes, son choix est le plus grand éloge que l'on pût faire de M. Félix Vial, son fidèle et intègre confident. Il fut commis d'exécuter une infinité d'œuvres pieuses et humanitaires de la manière la plus secrète, et, dans la nuit de l'oubli, ou au moins avec le moindre bruit et de debors. Parmi ces élans de bienfaisance, on trouve l'établissement des dames religieuses trinitaires pour le soin des malades, et cette digne, unique et singulière dans son genre, l'établissement d'un chauffage pour la vieillesse.

ANTIQUITÉS

de Saint-Jean-de-Garguier et de Saint-Pierre

Ces deux contrées voisines l'une de l'autre, situées au N.-E. de la ville d'Aubagne, ont fixé l'attention des archéologues de la Provence. Des inscriptions tumulaires, un grand nombre de médailles, trouvées dans ces contrées y attirèrent les investigations de plusieurs savants. On savait que le *Locus Gargarius*, où se trouve l'église de Saint Jean, avait été renommé autrefois par un temple dédié à Bacchus. Un piédestal sur lequel était cette inscription *Libero patri*, n'en laissait aucun doute.

Les Bacchanales qui s'y célébraient s'étaient perpétuées surtout par les Marseillais qui y venaient à des jours marqués, au temps des foires, à la fête de Saint-Jean, parcourant la contrée, la foire, au son des trompettes, au bruit de petits tambourins portant l'habit surmonté de tresses d'ail en écharpe, fendaient la foule du monde renversant quelquefois les bancs des marchands forains par l'extravagance de leurs mouvements et de leurs démarches. Les premières églises de ces contrées furent établies premièrement à Saint-Pierre, sous l'invocation du premier apôtre ; la seconde fut dédiée à Saint Jean-Baptiste, dans le temple même du dieu Bacchus. Alors *Lucretus* ou *Lucretum* perdit son nom, et ce quartier rural fut appelé Saint-Pierre, mais la dénomination du *Locus Gargarius*, fut conservée, on l'appela Saint-Jean-de-Garguier.

Vers le règne des derniers Comtes de Provence, une inscription gravée sur une pierre fut trouvée bordant la grand'route allant vers le pont de l'Etoile. Nous donnons ici la copie fidèle de cette inscription. (1)

PAGANI PAGI LEVCRETI QVI SVNT FINIBVS
ARELATENSIVM LOCO GARGARIO Q. COR MARCELIIIII
B ZOSIMO IIIIIVIR· AVO. COL. IVL. PATERNA-ARELATE·
OBIONOREM EIVS QVI NOTVM FECIT INIVRIAM NOSTRAM
OMNIVM SA SÆ...... SACRATISSIMO PRINCIPI T. ÆLIO
ANTONINO......, ROMÆ MISIT PER MVLTOS ANNOS AD
PRÆSIDES....ÆPLERSI CVIVS EST. INIVRIAM NOSTRAM
SVIS T....I.OB HOC. DONAVIT NOBIS INPENDIA QVÆ FECIT
VT OMNIVM SÆCVLORVM SADRATISSIMI PRINCIPIS IMP.
CÆS ANTONN //G. PII BENEFICIA DVRARENT PERMANEREN·
QTE QVIBVS FRVEREMVR..EI BALINEO GRATVITO QVOD
ABLATVM ERAT PAGANIS QVOD VSI FVERANT AMPLIVS
ANNIS XXXX

Cette grande pierre fut plus tard placée par des maçons sur l'autel de Notre-Dame-du-Plan, près de Gémenos. C'est là qu'elle fut trouvée par l'évêque de Belzunce, dans ses visites pastorales; ce prélat la fit transporter dans le palais épiscopal de Marseille.

Cette inscription est le seul et unique monument sur lequel on puisse établir quelque idée solide sur la localité, hors de là, il y a absence complète de tout document; en effet, aucune charte, aucune autre inscription, aucun autre indice ne désignent les noms de *Gargarie* et de *Lucretum*.

_____

(1) Elle faisait sans doute partie d'un monument érigé pour perpétuer la reconnaissance de habitants de *Lucretum*, de ce que, suivant le contenu de cette inscription, après les démarches faites auprès de l'autorité souveraine, ils avaient obtenu pour toujours l'usage gratuit des bains établis dans cette localité.

Papon s'est montré au-dessous de sa réputation quand il a émis l'opinion que de *Lucretum* on avait formé *la Crau*, mot Celtique, conservé en Provence, pour exprimer un sol graveleux, pierreux, *Salon de Crau, la Crau d'Arles*. C'est ce que l'on reconnaît dans le quartier voisin de Saint-Jean et de Saint-Pierre appelé proprement *la Crau*, sol lapidifié, graveleux.

Erreur semblable a été commise par les auteurs de la statistique du département; ils savaient avec les habitants de la contrée, d'après une tradition constante qu'à l'emplacement de Saint-Jean, il existait autrefois un célèbre marché aux blés, où venaient se pourvoir tous les pays circonvoisins, principalement les habitants de Marseille et de son vaste territoire. Remontant par ces idées à l'étymologie du mot *Gargarie* ou Garguier, ils ont hazardé cette proposition : GAR (gar) ou GRA (gra), signifie grain, et RA (ra), montagne, c'est-à-dire *montagne, marché aux blés*. Tout en rendant hommage à la science archéologique de ces mêmes auteurs, nos anciens amis, nous osons énoncer une opinion fort opposée à la leur.

Et d'abord, la contrée ne s'est jamais appelée *Gargarie*, ainsi que l'ont nommée, Mgr de Belzunce et autres antiquaires. Le seul nom connu de la contrée est sur l'inscription lapidaire : il y est écrit, *loco Gargario; Gargario* n'est là qu'un simple modificatif, dérivé du substantif *Gargara*, nom d'une plaine très-fertile en blés situé sur le sommet du mont Ida en Phrygie. Divers célèbres auteurs de l'antiquité y font allusion en voulant exprimer l'abondance de cette belle denrée. *Hinc gratæ cereri Gargara.* Salluste. — *Gargara quot segetes, quot habent mathymna racemas.* Ovide. — *Ipsa sua mirantur Gargara messes.* Virgile. Ainsi, *Locus Gargarius* ne peut signifier que *lieu, marché aux blés, aux grains, aux·céréales.* Or, la langue vulgaire ne permettant pas la modification par l'inflexion finale, comme la langue des anciens Romains, *loco Gargario,* se rendait par *le marché de Garguier,* comme on a dit dans la suite, *Saint-Jean-de-Garguier,* en employant un substantif précédé d'une préposition, ce qui équivaut à un pur adjectif.

Quant à *Lucretus* ou *Lucretum,* il est assez évident que ce n'était là ni un village, ni un bourg, *Pagani pagi Lucreti; pagani* exprime l'idée de gens de la campagne, de simples laboureurs, gens rustiques qui ne pouvaient habiter qu'un hameau. Du mot *pagani* on a formé en Provence celui de *pacan* pour désigner un homme grossier dans le langage, les manières, étranger même aux habitudes des villages peuplés d'artisans aux arts mécaniques. *Lucretum* ne pouvait être qu'un hameau, tel qu'il est de nos jours. Le territoire de *Lucretum,* comme celui du *locus Gargarius* était parsemé ça et là de nombreuses villas habitées par des Romains, qui vinrent s'établir en Provence, après la conquête de Marius qui la réduisit en province romaine. Les nombreuses inscriptions tumulaires qui ont été trouvées en sont une preuve. Tantôt c'est un hommage rendu par un serviteur à ses maîtres, tantôt c'est un fils qui élève un tombeau à ses parents, une mère à sa fille, un père à ses enfants. Nous allons placer ici, ces diverses épitaphes, par numéros d'ordre avec la traduction.

L'estimable M. Toulouzan, notre ami, l'un des principaux rédacteurs de la statistique du département, avait découvert dans ses fouilles de vastes appartements à peu de distance de Saint-Jean, il avait cru que c'étaient des emplacements destinés à des bains ; d'après la disposition de ces restes de bâtisse, on peut juger que ces vastes carrés avaient été destinés à conserver des dépôts de céréales. M. Richelme, prieur de Saint-Jean-de-Garguier, notre oncle maternel, affecté à cette église, où il avait demeuré après son retour de la Sorbonne, jusqu'à 1791, époque où il émigra à Rome, avait recueilli de concert avec M. le comte de Clapier un grand nombre de médailles, son neveu Richelme, le naturaliste, avait découvert aux environs de l'enclos deux aqueducs dont les suites dirigées vers l'Est, ont disparu dans le laps des temps. On avait pensé d'abord que ces constructions avaient dû conduire à la contrée de Garguier une partie des eaux de la belle source de Saint-Pons qui n'est qu'à une demi lieue de distance ; mais toutes les recherches que l'on a faites, tant dans les fonds qu'aux contours des montagnes, n'ont abouti à rien. Il est très-probable que ces aqueducs amenaient les eaux des hautes montagnes qui environnent la localité, lesquelles se trouvaient fertilement boisées du temps des anciens Romains, on peut en donner pour preuve une des inscriptions que l'on va lire, puisqu'elle est dédiée aux nymphes des sources de la contrée de Garguier.

1. **M. SÆNIVS**
   M. F·F. TER
   SECVNDVS

Marcus Sænius, second fils de Marcus Faustus de la tribu Terentina.

2. **VALERIA**
   SÆNI CN. F.
   PIA

Valeria, fille pieuse de Sænius Cneus Valerius.

3. **ESCENCO.IA**
   T.I.S.VENI
   MARI F

Escencomi jairi Titii justa suspiria veniant matri functæ.

Que Escencomius Jairus Titius vienne répandre de justes sanglots sur la tombe de sa mère.

4. PRIMA E.
SANVILII F.
MATRI

A Prima, notre mère, fille de Sanvilius.

5. L. NIGIDIVS TER
OPTATVS
VALERIA T.F. SECVNDA

Lucius Nigidius Optatus, de la tribu Terentina. Valeria seconde fille de Titus.

6. O . IAM
VS . V.S.I.
M. OVA
TA MVN
PTATI ᴧ P

Orbatus jam omnibus vovit suspiria justa matri, ovata munera potestati patris.

Privé avant le temps de tous les siens, il a consacré de justes sanglots à sa mère et ce monument, comme un hommage rendu à la volonté absolue de son père.

7. ARM
INC
N
MAES

Armis inclitus, nactus manes.

En s'illustrant par sa vaillance, il rencontra la mort.

8. IGAVIT
N
ORESTVS
M. B.

Ligavit nepos Orustus manibus beatis.

Oreste son neveu, l'a associé à la félicité des mânes.

9. MA IS
PIETA?
IN· ALBAN

Matris pietati inauguravit Albanus.

Albanus a érigé ce monument à la piété de sa mère.

10. NYMPHIS
AQ Æ FO
I GAГ AC
HON F.P.
S.L. ΛT

Nymphis aquæ fontium Gargariorum, Hor. F. P.
v effacé, solvit lubens.·

Aux nymphes des fontaines de Garguier, Honorius Faustus
Publius s'est acquitté de grand cœur d'un vœu fait à leur mérite.

11. IVSTA SERVILIO
T.F. BARBARO TER.PATRI
QVIETÆ MATRI SERVATO
FRATRI. SVRO FRATRI

Justa Serviliosus tribuit funera Barboro Terentiano
patri, Quietæ matri, Conservato ou Severo fratri.

Justa Serviliosus a rendu les honneurs funèbres dûs à Teren-
tianus, son père, à Quieta, sa mère, à Conservatus et Severus,
ses frères.

12.　　D.M.
　　POMPEA CAL..LISTE
　　PATRONIS
　　PIENI SIV
　　I.S.

Diis manibus, Pompeia Caliste patronis pientissimis

Aux dieux mânes, Pompeia Caliste à ses maîtres très débon-
naires.

13.　IVLIO HOSPITI
　　TADIT FVNERA
　　FRATRI CAIO SERVILIO
　　FIRMO FRATRI IVLII
　　HOSPITIS FRATER

Le frère de Julius Hospitis rend ces devoirs funèbres à Julius
Hospitis, son frère, à Caius Servilius Firmus, son frère (utérin
sans doute).

14.　Q. COR. CC
　　ZOSIMO PATERNA
　　E MICO — O
　　C　N

Ce Zosime mentionné dans cette inscription est l'affranchi de
Quintus Cornelius. C'est le même qui figure dans l'inscription
lapidaire, *Pagani pagi Lucreti.*

Le reste de la présente épithaphe est entièrement fruste.

15. PRIMA EROGAT
SANVILII F
MATRI

Prima erogat Sanvilii Fausta matri.

Que les plus heureux souhaits de Sanvilius, soient pour sa mère.

Les numéros 10, 12 et 14 ont été découverts dans l'arrière-fief de Garguier et incrustés sur le mur extérieur du château de M. le comte de Clapier.

Les numéros 2, 3, 15 et 16 ont été découverts aux environs de Saint-Jean et incrustés sur les murs extérieurs de la campagne Barthelémy Linche.

Toutes les autres inscriptions ont été déterrées dans les quartiers de Saint-Pierre, de Saint-Jean, ou de la Crau.

En travaillant à interpréter l'inscription lapidaire *Pagani pagi Lucreti*, Mgr de Belzunce s'est laissé aller à une erreur de nom ; il a pris le nom de l'affranchi Zosimus pour celui du pape Zosime ; et MM. les rédacteurs de la statistique du département ont erré pareillement lorsqu'ils ont placé *le Lucretum* à la distance de deux lieues de la ville d'Aubagne.

L'église de Saint-Jean-de-Garguier avait été érigée en prieuré, et desservie par un prieur résidant. L'abbaye avait été un couvent depuis que celui de Saint-Pons avait été supprimé dans le XIIIᵉ siècle, à cause de relâchement, et n'avait existé qu'un demi siècle, depuis 1205, que l'abbesse Gassende en avait fait l'ouverture. Durant environ deux siècles, cette abbaye de Saint-Pons était successivement occupée par les personnes pieuses qui venaient de toutes les parties de la Provence, faire des neuvaines sous le patronage de Saint Jean-Baptiste. Ces saintes pratiques ont été interrompues en 1792. Mais la dévotion à Saint-Jean ne s'est point reli... Toute l'église est tapissée d'ex-voto, du seuil jusqu'à la voûte. Les visites en pélerinage n'y sont pas rares. Le jour anniversaire de la naissance du Saint-Précurseur, la foire riche et très-rapide, plus encore le zèle empressé des fidèles, y attirent de dix lieux à la ronde, une foule innombrable de personnes de tout rang et de tout âge. L'église de Saint-Jean, objet de la vénération publique, est desservie par un prêtre de la paroisse d'Aubagne, connu par son zèle ardent pour le bien de ses ouailles, pour l'éclat du service divin et par un naturel d'amabilité qui semble voiler l'austérité de son ministère et faire oublier les fruits de sa générosité. A ces traits, chacun reconnaît l'abbé Arnaud, le digne aumonier des modernes pénitents noirs, seul digne de succéder à ses prédécesseurs si regrettés, MM. les abbés Chaulan et Déprat, la splendeur de l'antique confrérie.

Illustrations

DE LA VILLE D'AUBAGNE

Dans la statistique du département, M. le comte de Villeneuve, préfet de vénérable mémoire, a rendu un témoignage éclatant sur le nombre des illustres sujets produits par la ville d'Aubagne.

Sans pénétrer bien avant dans les temps reculés, nous reviendrons à notre premier magistrat municipal, M. Mathieu Arnaud, notre ancien maire, dont nous avons déjà parlé. Son nom est gravé dans le cœur des habitants d'Aubagne et prononcé par toutes les bouches lorsqu'il s'agit d'une action généreuse, d'un bienfait éclatant. Aux dépens de toute sa fortune et bravant les intrigues d'une injuste fureur, il rendit à la ville l'élément le plus nécessaire à la vie animale et végétale, sans lequel le nom d'Aubagne devenait une déception, une honteuse ironie. Pour compléter les fondations que les habitants créèrent à sa mémoire, ils lui donnèrent le glorieux surnom approprié à son homonyme de Port-Royal, on l'appelle le Grand Arnaud.

Peu après la perte du sauveur d'Aubagne, naquit Claude Sicard, un des disciples de Mascaron, ses talens lui valurent la charge de chef des missionnaires envoyés dans le Levant pour la conversion des infidèles. Outre son talent de premier ordre pour la chaire, il devint très-versé dans les langues orientales, et fut profond géographe. Il a écrit des mémoires admirés par de savants critiques pour une rare érudition et l'élégance du style.

Durant les jours du premier Empire, Aubagne a été administré par un maire d'un rare mérite, M. l'avocat Colomb, très estimé par ses connaissances littéraires, son goût exquis et ses talents pour la poésie spécialement dans les pièces fugitives et érotiques, il tenait pour l'école antique, ses productions le constatent : elles sont empreintes de ce beau naturel qui fait le caractère de nos grands modèles, de cette nonchalence apparente de négligence que l'on aime à goûter dans un siècle d'affectation et d'enflure. M. Colomb était durant son administration, le protecteur des établissements de haute étude ; juste appréciateur de tous les genres de mérite, il encourageait de son autorité, les heureuses dispositions qu'il savait découvrir dans l'esprit de la jeunesse. Sa modeste insouciance et le peu de cas qu'il fesait de son mérite, ne lui ont pas permis d'étendre au loin sa renommée par le faible moyen de l'impression. Le pays eut à regretter longtemps sa démission de maire, ainsi que celle de M. de Martel, ancien contre-amiral, naturaliste distingué, et surtout la démission en 1830 de M. Martinot, le vénérable père d'Aubagne.

Après ces magistrats recommandables les soins de la mairie ont été comme délaissés au hazard. Une quatrième démission a été encore donnée dans une période difficile : un sujet joignant les lumières à l'intégrité, à un caractère d'une mâle fermeté, l'honorable M. Guirand, n'aurait pas dû accroître les regrets de ses concitoyens en continuant des fonctions si convenables à son état et à ses intentions bienfaisantes.

François Barthelémy

Il fut appelé jeune à Paris par son oncle, l'auteur d'*Anacharsis*, et placé dans la diplomatie. Il fut successivement secrétaire d'ambassade à Stockholm, à Vienne et à Londres, où il remplit les fonctions de chargé d'affaires. Il fut enfin, ambassadeur en Suisse, et c'est dans cette résidence qu'il signa pour la France la paix avec l'Espagne, la Prusse et divers autres Etats.

C'est de là qu'il fut appelé au Directoire par les consuls de la nation. Il fut *fructidorisé* avec Carnot, son collègue et conduit dans les déserts de Sinnamary, où son fidèle serviteur Letellier voulut absolument le suivre. Il se sauva dans une barque de ce lieu pestilentiel et trouva un asile dans les colonies hollandaises de Surinam.

Au retour de l'ordre, il fut successivement sénateur, pair de France, vice-président de la chambre des pairs. Il fut l'auteur du remaniement de la loi électorale.

Il est mort à l'âge de 83 ans.

Son obligeance était extrême et la sénérité de son âme se peignait sur sa figure. Il se vantait de n'avoir jamais menti une seule fois de sa vie. Etant ambassadeur en Suisse, il rendit au péril de sa vie, de nombreux services aux émigrés, et c'est par son entremise qu'eût lieu l'échange de Madame la duchesse d'Angoulême à Bâles.

Jourdan des Bouches-du-Rhône

André Joseph Jourdan, naquit à Aubagne, le 15 décembre 1757. Il fit ses études au collège de l'Oratoire à Marseille et s'y distingua par ses succès. On remarquait dans ce jeune homme l'alliance des trois qualités les plus désirables à l'homme et rarement unies : le mérite intellectuel, l'élévation de l'âme et les nobles traits des formes physiques maîtrisant le regard. Son séjour à Aix dans le cabinet de l'avocat Portalis et la fréquentation du château de l'évêque de Marseille, qui réunissait à Aubagne une nombreuse société, le firent bientôt remarquer par l'élite de la province et de la magistrature, et il était déjà fort avantageusement connu dans la ville d'Aix lorsqu'il fut élevé à l'emploi de procureur-général du Roi au bureau des finances.

Lors de la suppression des charges de la magistrature, il fut député à Paris par les divers corps de la province pour traiter avec l'Assemblée nationale du remboursement des offices, objet sur lequel on avait négligé de statuer. C'était une affaire importante et difficile ; Jourdan la suivit avec zèle et la termina heureusement.

En 1790, il fut nommé commissaire du Roi près le tribunal de district de Marseille : ce tribunal jugeait souverainement au civil et au criminel. Jourdan y donna des preuves de la plus grande énergie. Les factions grondaient alors de toutes parts ; lorsque l'anarchie eût levé la tête, il abandonna une place qu'il ne pouvait plus remplir avec honneur. L'éclat de cette retraite suscita contre lui, les ennemis que ses opinions prononcées lui avaient fait depuis longtemps. Dès ce moment sa tête fut mise à prix, et il échappa comme par miracle à tous les pièges qui lui furent tendus. Il erra longtemps de ville en ville loin de son pays natal, mais vers la fin de la Terreur il fut pris et jeté dans le fort Saint-Jean, où il passa plus de six mois jusqu'au 9 *Thermidor*. La fameuse réaction des sections de *Vendémiaire* le porta peu de temps après au conseil des Cinq-Cents : c'est la plus belle page de sa vie. Jourdan oubliant que le terrain sur lequel il était placé, était encore volcanisé, ne cessa de tonner à la tribune avec tout le courage de la vertu contre les excès sans nombre qui se commettaient avec impunité, sous les yeux du Directoire. Le redoutable Fréron exerçait sur le Midi une dictature barbare. Jourdan le flétrit d'ignominie et parvint à faire passer dans l'âme de l'assemblée une partie de l'indignation qui l'inspirait : une commission fut nommée par sa demande, mais le Directoire en paralysa les démarches.

Tout le monde a connu les discours énergiques que Jourdan prononça si souvent pour la défense des émigrés et son rapport en faveur des naufragés de Calais, de ces bannis français partis d'Angleterre, jetés par un coup de vent sur la côte de France et menacés par cette loi de sang qui condamnait à mort tous les émigrés rentrés : « L'ouragan les a épargnés, s'écriait Jourdan, et » vous voulez les traîner à l'échafaud ! La terre de France serait- » elle pour eux plus inclémente que la tempête ?.... » Ses efforts ne furent point vains, les naufragés furent envoyés en pays neutre.

C'est durant ces séances au conseil des Cinq-Cents qu'eût lieu dans l'assemblée une scène très-rare et peut-être unique dans les fastes parlementaires. Dans les mouvements oratoires qui entraînaient le député de Marseille contre les exactions auxquelles se livraient dans le Midi, les agents du gouvernement ; un membre de l'auditoire, à la voix de stentor, fait retentir la salle des cris, « A bas ! A bas ! A bas ! Quelques voix s'élèvent pour le faire taire, mais inutilement, il continua les mêmes vociférations, poussées avec la rage d'un forcené. En vain le président s'efforce d'obtenir le silence, par la voix, par le geste, en agitant la sonnette...... Dans cet instant de désordre, Jourdan demande au président un instant de repos, il l'obtient et en profite pour descendre de la tribune et se diriger vers l'insolent interrupteur. Là, pour la première fois mettant en pratique la force de son bras, il l'abat d'un seul coup de poing et l'aurait assommé sans l'intervention subite des députés présents. Dégagé des efforts qu'ils fesaient pour le retenir, il regagna la tribune et termine son discours au milieu d'un silence profond.

Un orateur aussi intrépide décourageait les vues du triumvirat directorial et de ses agents : celui qu'ils ne pouvaient combattre à la tribune, ils payèrent des sicaires pour l'assassiner. Jourdan fut attaqué dans sa maison, et plus d'une fois il a dû la vie au courage et à la présence d'esprit de son épouse. Il venait d'être nommé secrétaire du conseil des Cinq-Cents, lorsque la rage des directeurs dominants enfanta la proscription du 18 *Fructidor*, qu'il partagea avec son cousin Barthélemy.

C'est en Espagne que Jourdan passa le temps de son exil. Après avoir été rappelé par Bonaparte, il revint à Marseille pour y chercher le repos ; il s'y consacra tout entier aux soins des hôpitaux, où il fut atteint par un typhus apporté des armées et qui se compliquant avec une fièvre maligne le conduisit aux portes du tombeau. Les Marseillais n'ont pas oublié tous les services qu'il a rendus pendant cette longue administration.

En 1808, le chef du gouvernement le tira de sa retraite pour le mettre à la tête du département des Forêts. Les Luxembourgeois parlent encore avec attendrissement de la bonté de leur ancien préfet et de la sagesse de son administration.

Louis XVIII, dès son arrivée le nomma conseiller d'Etat en service ordinaire, et peu de temps après, directeur général des cultes. Il abandonna cette place au 20 mars 1815 et la reprit après le retour du Roi.

M. Jourdan ne tarda pas à ressentir l'atteinte des infirmités, dont une carrière longue et agitée et de longues persécutions avaient jeté en lui le germe. Il mourut sans souffrance le 6 juillet 1821, âgé de 75 ans, ne laissant qu'une fille mariée à M. Sauvaire-Jourdan.

Dans des notes historiques sur ce grand personnage, il ne serait pas permis de taire son obligeance infatigable envers tout le monde et surtout envers les habitants de sa ville natale, où l'emploi de son immense crédit se fesait avec une sorte de profusion, où jamais l'invocation de son nom n'a cessé de répondre à un désir légitime, et où l'éclat de sa bienfaisance dans sa vie privée, comme, dans sa vie publique lui vaudront un culte de vénération. En un mot, après l'exercice des plus hauts emplois de ce dignitaire, son desintéressement ne lui a fait conserver d'autre fortune que son seul patrimoine.

Bernardin Ramel

Bernardin Ramel, médecin, fils et petit-fils de docteurs en médecine distingués, naquit à Aubagne, en 1752, après avoir fait ses humanités et sa philosophie, il se fit remarquer dans l'école de médecine, par une aptitude prononcée dans le grand art de guérir. Ce qui relevait ses grandes connaissances dans la phisiologie et l'histoire naturelle appliquée à son art, c'est son talent d'écrivain : par sa plume magique il savait rendre intéressants les sujets les plus ardus ; il possédait le secret de donner du coloris à des matières repoussées dans une perpétuelle obscurité et ne se prêtent qu'à l'œil infatigable d'un observateur opiniâtre. Il a publié des mémoires intéressants sur l'air de Gémenos et la vallée de Saint-Pons, moderne Tempé de la Thessalie. Son ouvrage ayant pour titre : *Aperçu et doute sur la météorologie appliquée à la médecine*, lui occasionna bien des disputes avec ses confrères contemporains ; tout autre moins brillant par la diction y aurait succombé, mais il en sortit triomphant. Le style est souvent l'arme inexpugnable de l'auteur et ce fait confirme la vérité proclamée par Buffon : *Le style c'est l'homme.* Ramel était membre de plusieurs sociétés savantes, de l'académie d'Arras et de la société royale de médecine.

Ramel épousa les idées de 89, et ce mérite complète sa réputation. Il faut le dire : qui pourrait jamais accuser ce savant docteur d'avoir jamais abusé de l'autorité qui lui fut confiée. Il ne s'en servit que pour opérer le bien chez les personnes opprimées dans la parti contraire aux idées nouvelles. Je pourrais en citer cent exemples, et je ne craindrais point d'être démenti par nos plus honorables concitoyens ; je n'en citerai que le trait le plus faible et qui me concerne. Mon père avait occupé un des plus hauts emplois du département dans le sens légitimiste ; forcé d'émigrer pour éviter le glaive de la loi, dépouillé de toute chose il avait délaissé sa femme et ses jeunes enfants dans un état déplorable. Ramel apprit qu'à l'âge de 15 ans, je fesais tous mes efforts pour nourrir ma mère et quatre enfants, mes cadets. Il m'envoie quérir. « Je voulais vous connaître, me dit-il, ce que l'on m'a raconté de vous m'intéresse à votre position. Je confie à vos soins l'instruction de mon fils unique, persuadé des sages leçons que vous lui donnerez, je veux vous payer le double de ce que vous recevez ordinairement. Voilà ma bibliothèque elle est à votre usage. Prenez dès aujourd'hui quelques volumes de votre choix ; je vous les prête pour un mois ; passé ce temps, vous me les rendrez et je vous en confierai d'autres. Instruisez-vous, mon ami, le savoir est le plus précieux des trésors. Si dans votre lecture quelque passage vous embarrasse, venez me trouver, je ferais à votre profit, usage de mes bien faibles connaissances. »

Ramel alla se retirer à La Ciotat, pays écarté, paisible et convenable à un homme de lettres. J'eus l'avantage d'obtenir une correspondance avec ce philosophe jusqu'à ma 28e année, en 1810, douloureuse époque où nous le perdîmes. Nos lettres avoient pour objet des matières littéraires, il finissait toujours par me recommander de ne pas me décourager dans mes occupations studieuses, dans un pays où les talents étaient déconsidérés ; il me citait son exemple, celui de Domergue, de l'abbé Barthélemy, de Richelme, il me répétait cette sentence évangélique :

Nemo propheta in patriâ suâ.

Richelme, oncle

M. Richelme oncle, docteur en théologie, lauréat de la Sorbonne, où il fut élevé retourna à Aubagne, où étaient établis ses parents, accompagné de son ami et condisciple de Bausset, qui plus tard et après les orages de la Révolution, fut nommé archevêque d'Aix et d'Arles. Ils furent accueillis par la population au bruit des tambourins et au son des trompettes. M. de Bausset d'une famille des plus distinguées de la contrée, poursuivit la voie ouverte à son élévation. M. Richelme, sans ambition aimant le silence et la retraite, et n'étant apuyé que sur ses propres talents, se contenta du premier emploi qui lui fut offert : le prieuré de

Saint-Jean-de-Garguier. Dans cette espèce de solitude, livré à la méditation, il mûrissait les trésors intellectuels qu'il avait acquis par tant de travaux constants et assidus.

Son opinion en fait de théologie et de belles-lettres était recherchée par le haut clergé et la classe la plus savante de la province ; il était admis à tous les synodes, à toutes les assemblées des évêques, où il avait voix consultative ; il écrivait beaucoup, mais sa grande modestie ne lui permit jamais de rien livrer à l'impression. Il a laissé des manuscrits et surtout des notes sur le philosophisme, recommandables par la force logique et la hardiesse d'un style pétillant de tours spirituels.

Outre ses occupations littéraires et scientifiques, il se livrait souvent à des travaux manuels, il avait construit la flèche de son clocher et avait décoré l'église à l'antique, ce temple est réduit aujourd'hui à la moitié de ce qu'il était. Le maître autel a changé de place et la tribune, où était placé un orgue fait par lui a disparu. Les nuages peints à la voûte et l'inscription *Claudi ambulant* qui se voient encore sont de sa main. Du côté opposé, sur la porte actuelle donnant hors l'enclos, était cette inscription évangélique : *Mutorum loquellæ, a surdis audiuntur.*

M. le prieur fesait représenter dans cette église aux grands jours de grande fête, des drames saints, écris en vers de sa composition, auxquels la population d'Aubagne et de Gémenos venait assister. Il lui arrivait quelquefois de venir à sa paroisse, ou à Aubagne chez sa nièce Couret, dépouillé de ses culottes, couvrant sa nudité de sa soutane ; il en avait fait don au premier malheureux, privé d'aller à l'église faute de vêtement.

En 1791, époque du serment civique du clergé, il émigra avec son frère, le chartreux et son neveu, le curé d'Allauch. Il demeura 6 ans à Rome, où il reçut des pouvoirs privilégiés du

Saint-Père. De retour à Marseille, en 1707, il s'établit dans une maison et jardin qu'il acheta à côté de Notre-Dame-du-Mont. c'est aujourd'hui l'établissement des sœurs de charité, où se trouve une école de demoiselles et la succursale de la pharmacie pour les indigents. Il y créa une chapelle en tout semblable à celle de Notre-Dame-de-Lorette, hormis les richesses. Là, tout le quartier venait à ses saintes instructions, à ses pieux exercices ; et les infortunés venaient y puiser des secours. Souvent il se levait de table et donnait son repas. Il y est mort et le préfet permit que son corps y fut placé dans une tombe. On n'a pas permis que ce lieu saint fut occupé par des profanes ; on a continué à en faire un établissement de secours et de charité.

A l'instant de son décès on eut recours à la force armée pour repousser le peuple marseillais, qui envahissait sa demeure pour s'emparer de quelques lambeaux de ses vêtements.

Il se restreignait dans sa manière de vivre au nécessaire le plus indispensable. Jamais personne ne porta si loin l'économie : si quelque parent, quelque ami lui représentait une parcimonie si extraordinaire, il répondait que c'était pour augmenter les secours dûs aux infortunés. Si quelque malheureux était introduit chez lui au moment de son frugal repas, il se levait, abandonnait sa place et engageait, avec bonne grâce, son visiteur à l'occuper lorsque sa vue indiquait le besoin.

Richelme, neveu (dit Massia)

Richelme neveu était destiné au sacerdoce. Resté orphelin dès sa plus tendre enfance, il fut élevé dans le couvent des observantins et eut pour précepteur le savant père Villevielle, supérieur du couvent. La vie cénobitique ne convenait point à son caractère actif, il passa à l'étude de l'art de guérir et reçut le titre de docteur à Paris. Son séjour dans le foyer des sciences et des beaux-arts ranima son génie et son amour pour le beau. Sans abandonner la voie de son état, il se livra à l'étude de l'architecture, de la sculpture, des mathématiques et particulièrement de l'histoire naturelle, spécialement de la géologie qui en fait partie. Il parcourait toutes les montagnes, toutes les vallées et en rapportait dans un cabinet curieux qu'il avait fondé, les pétrifications, les fossiles les plus rares. Il avait composé des mémoires sur la minéralogie spéciale à la Provence. Il avait façonné de ses mains un corps humain écorché, qui fut accueilli par des sociétés savantes. Il est l'auteur de la façade des pénitents noirs, au fronteau de laquelle il avait fait placer le livre des sept sceaux de l'apocalypse surmonté de l'agneau immolé, qui avaient été dégradés dans la Révolution, puis enfin, détruits par l'action de l'air et du temps.

En 1790, il fut élu à la députation, qui alla participer à la fédération accomplie pour toute l'étendue du royaume. Il refusa le commandement d'une compagnie destinée à suivre Barbaroux, partant de Marseille pour exécuter à Paris l'affaire du 10 août. A Aubagne c'est lui qui donnait le ton au pays; il était l'âme de la société des noirs, qui était de tous temps, la réunion des hommes instruits du pays.

Ses vastes connaissances en chimie lui attirèrent les regards de l'immortel et trop infortuné Lavoisier ; il soumettait ses vues et ses plans à son oncle, le prieur de Saint-Jean, qu'il vénérait comme son père et admirait comme son maître.

En 1789, il forma avec M. Achard, célèbre par ses productions littéraires et par ses vastes lumières, comme naturaliste, une association pour une fabrication de produits chimiques. Mais la Révolution faisant des progrès effrayants, on interrompit cette utile entreprise. Richelme ayant reçu l'ordre du département de lever le plan d'Aubagne pour la délimitation des sections, il accéléra son travail qu'il remit à l'autorité et alla s'embarquer à Toulon, en qualité de chirurgien major sur un navire de l'État, qui allait partir pour les colonies ; abandonnant ainsi son précieux cabinet qui a été dispersé durant les désordres de la Révolution, tous ses parents ayant émigré, il porta avec lui ou laissa ses manuscrits, on n'en sait rien.

Vingt-cinq ans après, M. le marquis Barthélemy, pair de France, s'enquit auprès des autorités des colonies du sort de cet intéressant Aubagnen ; il apprit qu'à son arrivée Richelme avait fait des merveilles en employant ses connaissances mathématiques ; qu'il avait fait surmonter une montagne par une rivière jadis inutile, et rendu arrosable par ce nouveau cours, toute une vaste contrée, etc., etc. Et qu'enfin, il avait été compris, en 1793, dans l'horrible massacre des blancs.

L'abbé Chaulan

Quand Mgr de Belloy n'était encore qu'évêque de Marseille et baron d'Aubagne, où il faisait sa résidence, il avait quelquefois entendu les sermons de l'abbé Chaulan, et dit une fois en pleine sacristie : « Vos sermons, mon cher abbé, manquent de quel-
« que chose, je désirerais qu'ils fussent débités dans tout mon

« diocèse, et par votre bouche. » Lorsque ce digne prélat siégea à l'archevêché de Paris, promu au cardinalat et devenu le chef de l'église gallicane, il fit faire à l'abbé Chaulan les propositions les plus avantageuses tendant à son élévation dans la hiérarchie sacerdotale. La modestie de l'abbé l'entraîna à tout refuser avec cette grâce qui le caractérisait. Ses sermons étaient des modèles de profondeur et d'atticysme. M. le prieur de Saint-Jean, sujet compétent en matière de théologie et d'éloquence, disait de lui : « Le moindre de ses prônes vaut un beau sermon. » Ses trois frères, négociants à Marseille, le priaient quelquefois d'aller donner un sermon dans leur paroisse, celle de Saint-Ferréol, alors des Augustins ; prévenu de son arrivée, l'on fesait dans l'église de grands préparatifs pour l'emplacement des sièges et des bancs. Un jour, après avoir prêché son sermon sur la vie et la mort du juste, ayant pour épigraphe : *Preciosa enim in conspectû domini mors sanctorum ejus* ; à l'instant où il bénissait son auditoire, ému d'admiration, un vieillard s'écria d'une voix forte : *Bienheureuses les entrailles qui vous ont porté.*

Il était musicien compositeur pour les chants sacrés, de même que l'abbé Déprat, organiste de la paroisse, ancien aumonier de Mgr de Belloy, ils étaient tous les deux l'âme de la société des noirs, comme l'avait été avant eux l'illustre abbé, auteur d'*Anacharsis*.

L'abbé Chaulan etait naturaliste, et grand amateur de la nouvelle chimie, il était poète et excellait dans le genre épigrammatique. Pour donner une idée caustique, je n'en citerai qu'une pointe parmi toutes les pièces qu'il me communiquait durant les heures que sa conversation m'attachait à passer à ses côtés. Laget, bourgeois d'Aubagne, peu modéré dans son langage, d'une piété fort équivoque avait voyagé en afrique ; à son retour il mourut en l'état d'un legs en faveur de l'hôpital, dont il était recteur.

La prose du titre, comme le quatrain sont de la plume de notre abbé.

Epigramme plutôt qu'épitaphe sur la mort de Laget, surnommé *Forban*, le plus fervent chrétien de la Mecque.

Enfin, Laget n'est plus ; le mordant Juvénal
En aurait fait un saint de nouvelle fabrique :
Il a laissé, dit-on, son cœur à l'hôpital ;
Fort bien ! mais à coup sûr son âme est en Afrique.

———————

A Aubagne se trouve le château de la *Demande*, occupant un des plus beaux sites du terroir, ayant à son derrière un bois de pins séculaires et par devant, élançant le regard sur une immense plaine que fertilise le petit fleuve l'Huveaune, dont le rivage se pare d'une infinité de bosquets et de berceaux fleuris. Là, naquit vers le milieu du règne de Louis XV, Monsieur de Bausset-Roquefort, d'une famille des plus distinguées de la province, autant par son ancienneté que par ses services et son dévouement à la cause de nos princes légitimes. Après avoir souffert mille tribulations dans la tourmente révolutionnaire, M. de Bausset fut promu à l'archevêché d'Aix et d'Arles, au décès de Mgr Champion de Cicé.

C'est à cette illustre famille de Bausset-Roquefort qu'Aubagne doit l'initiative des plus belles institutions dans la vie civile comme dans la voie sacrée du sacerdoce. Une des branches de cette haute maison alla s'établir dans le Languedoc. De son sein est sorti entr'autres dignitaires Mgr de Bausset-Roquefort de l'académie française, cardinal et évêque d'Alais, auteur de l'histoire des deux célèbres personnages qui ont été l'ornement de l'église gallicane, *Bossuet* et *Fénélon*.

Lorsqu'en 1745, le jeune Barthélemy quitta Aubagne pour s'élancer dans la capitale de la science et des beaux-arts, il fut muni d'une lettre de recommandation de ce savant académicien, qui lui ouvrit ainsi le chemin pénible de la gloire.

Dans ce château de la Demande, appelé jadis château de *Roquefort*, du nom de la famille, se trouvait comme dans tous les châteaux, une chapelle desservie par un aumonier ; elle était dédiée à Notre-Dame de-l'Annonciation, on la désignait par *Notre-Dame-de-Roquefort*.

Le 25 mars, jour de la fête patronale, les pénitents blancs d'Aubagne s'y portaient en procession dans l'après-midi ; toute la population d'Aubagne assistait à cette pieuse cérémonie et se répandait ensuite dans toutes les appartenances du château, qui, ce jour-là était livré à la curiosité du public : le parc, la forêt, la belle Tèse, les vastes prairies étaient parcourus surtout par la jeunesse de tout sexe, de tout rang, exhalant leur joie par des chants dédiés au retour du printemps et des beaux jours.

D'innombrables groupes étaient assis le long des ruisseaux, au pied des hauts pins, des chênes antiques, à l'ombrage des frênes verdoyants, en pleine prairie sur le gazon tapissé d'odorantes violettes, d'éclatants narcisses ou émaillé de rayonnantes marguerites et de muguets sauvages ; l'on chantait, l'on goûtait, l'on riait. Ce charmant spectacle champêtre s'étendait depuis les bords enchantés de l'Huveaune jusqu'à la délicieuse vallée des Lignières d'où surgit une eau limpide qui court alimenter les fontaines de la cité.

Là, les échos répètent les chants des joyeux pinsons, de la

tendre fauvette, mêlés à la voix touchante, aux cadences perlées du timide rossignol.

A mi chemin d'Aubagne au château de Roquefort, devant une fabrique de poteries, s'installent de joyeuses marchandes, où les arrivants viennent se pourvoir en fruits, en nougats, en torques que l'on fait gagner à la dame de cœur. Sur l'aire de la fabrique ou dans l'intérieur de ce local, avait lieu un bal formé de parents et d'amis, s'égayant ainsi sous les yeux de leurs pères et de leurs mères. Mgr de Belloy paraissant sur le vaste perron du château avait sous le regard ce spectacle d'innocente gaîté, ravissante reproduction de l'âge d'or. Un jour, un grand personnage entourant le bon prélat osa lui dire : « Oui, toutes ces expressions d'allégresse peuvent être tollérés, mais...... on danse!..... Eh!..... mon Dieu, répartit le digne évêque, seigneur du pays, laissez...... laissez-les secouer leur misère...... »

Après le Concordat de 1801, il fut nommé archevêque de Paris et cardinal; il fit alors publier en chaire, à Aubagne, qu'il pardonnait au peuple qui avait dévasté et brûlé son château; il était alors nonagénaire; il mourut âgé d'un siècle.

Le château de Roquefort n'était pas la seule habitation de la famille de Bausset, elle possédait dans la cité plusieurs maisons, entr'autres la maison rue Laget, vis-à-vis l'ancienne commune. C'est dans cette maison que se forma le fameux complot contre Casauls, chef de ligue à Marseille.

Urbain Domergue

Il naquit à Aubagne le 24 mars 1745. Il acheva ses humanités à l'institution Laùtard, qui avait formé un grand nombre
d'élèves à la ville et à ses environs.

Ensuite il se distingua dans toutes les études supérieures, dans
le célèbre collège de l'Oratoire à Marseille et à l'école de droit
à Aix ; mais son goût se fixa à l'étude approfondie de la science
grammaticale, appliquée spécialement à la langue française. Établi
à Lyon vers l'année 1772, il produisit sa grammaire française
simplifiée, dans laquelle dégageant la syntaxe d'une prolixité
languissante et souvent obscure, il traça des préceptes infaillibles ;
il établit sur l'hortographe des règles nouvelles et favorables à
l'idiôme provençal auquel la langue nationale est redevable de
tant de services ; il réduisit à huit les cent soixante-trois règles
de l'abbé d'Olivet sur la prosodie : il appuya toutes ses règles de
l'autorité exemplaire des auteurs les plus estimés et termina son
excellent traité par un jeu d'ortographe, où l'élève s'instruit en
se divertissant.

En 1790, il donna une nouvelle édition de sa grammaire en
l'enrichissant du traité de la proposition. Il est à regretter qu'il
n'ait pas donné plus d'extension à cette dernière partie : c'était
une introduction a la science idéologique si utile à tous les genres
de style, soit pour la correction comme pour l'élégance. Il rédigea
durant dix ans le journal de la langue française.

Vers l'an 1800, il fonda le conseil grammatical, qui répondait
à toutes les questions qui lui étaient proposées sur la langue, la
grammaire, l'idéologie et sur l'art du poète et de l'orateur. Les
réponses du conseil qu'il présidait lui-même, comme fondateur,
étaient promptes et motivées.

Dans un volume grand in-8° de plus de 500 pages, qu'il publia en 1808, il exposa les principales questions qui ont été adressées au conseil et les réponses qu'il y a faites.

Vers la fin du siècle dernier Domergue fut reçu de l'institut de France, dans la classe de la langue et de la littérature françaises, qui représentait à cette époque l'académie française, dont le nom célèbre et les titres glorieux lui ont été restitués à la Restauration. Dans ces intervalles il publia le *manuel des étrangers*, grand in-8° de 550 pages. Ce volume contient les *désinences françaises*, cent cinquante distiques moraux renfermant un cours de morale en trois parties distinctes, le *cœur*, l'*esprit* et la *santé, mens sana in corpore sano*. Hor. Les dix églogues de Virgile, plusieurs odes d'Horace traduites en vers français. Un tableau des quarante signes simples inventés par Domergue pour exprimer d'une manière invariable les quarante sons de la langue française ; enfin plusieurs dissertations, remarques, dialogues, etc., etc.

Enfin, Domergue donna la notion orthographique, suivie de la nomenclature des mots à difficulté et les exercices orthographiques au nombre de 18, ouvrage composé à l'invitation du préfet de Versailles, pour les écoles de son département.

Domergue est mort à Paris le 18 mai 1810, en l'état d'un testament olographe dont nous ne citerons que les dispositions honorant par des sentiments d'une généreuse reconnaissance, le pays qui l'a vu naître. Il lègue à la ville les revenus d'un capital destinés à l'achat des prix à décerner aux vainqueurs dans les sujets qu'il propose concernant la science grammaticale et dans l'exécution d'écrits composés avec les nouveaux caractères de son invention, afin de fixer à jamais et d'une manière invariable la prononciation de notre langue.

L'administration municipale trouvant plus aisé d'éloigner les objets du concours a osé changer la destination des prix ordonnée par le testateur, en décernant tout simplement les prix aux élèves les plus distingués dans l'enseignement des écoles secondaires ; c'était déjà mal, mais le pire c'est que depuis l'absence de ces institutions si utiles à l'éducation de la jeunesse d'Aubagne, qui de temps immémorial avait toujours possédé l'enseignement des hautes études, on distribua sans pudeur, aux abécédaires des frères ignorantins, les prix dûs à la science, et une telle désorganisation s'est opérée par les manœuvres d'un entendu latent dans l'ombre d'un mystère anti-chrétien.

Elève, formé à la doctrine de notre illustre compatriote, ayant joui durant dix ans, des lumières de sa correspondance et de son affectueuse amitié, honoré des dons de tous ses ouvages, sortant de l'imprimerie marqués à mon adresse, d'apostilles que je désirerais mériter, je fus saisi d'indignation à la vue du procédé de la municipalité, j'en écrivis au chef qui s'y trouve sans aucun adjoint, mais que peut la raison......

Domergue n'atteignit pas à un âge fort avancé ; la mort le saisit au moment où nous attendions de sa plume une réponse à une question grammaticale, dans un passage du *Lutrin*, admiré jusqu'à ce jour par les plus sévères critiques, l'abbé Desfontaines, Condillac, Fréron, d'Olivet, etc.

« Dans le réduit obscur d'une alcove enfoncée
« S'élève un lit de plume à grands frais amassée

Peut-on rapporter un modificatif précédé de la préposition indéfinie *de !* Est-il correct de dire *un lit de plume amassée !* De plume étant un qualificatif suffisant du mot lit, peut-il supporter l'adjonction d'un adjectif, ou d'un participe passif ! Ce dernier ainsi placé n'est pas rapporté grammaticalement par l'esprit à lit? Changeons le genre de ce modificatif, disons : S'élève un lit de fer richement acheté. Est-ce au *lit* ou au *fer* que l'esprit joint le participe acheté?

Il y aurait donc lieu à établir pour règle générale :

Tout nom précédé de la préposition indéfinie *de*, servant de modificatif, ne peut être accompagné d'un adjectif, ni d'un participe.

Domergue avait tenté de changer la nomenclature de la grammaire en général : les anciens termes n'expriment point la propriété, l'individualité de leur emploi et ne conviennent point aux lois logiques de la définition

On avait prétendu croire que le mot verbe avait été pris du mot générique *verbum*, parce que le verbe était le mot absolument nécessaire au discours; le mot nécessaire au discours est, sans contredit, le substantif, le sujet de toute pensée, bien plus, de toute idée exprimée ou mentale. L'adjectif vient, disait-on, du mot ajouté, mais l'adverbe n'est-il pas, par sa nature et sa dénomination même, joint au verbe. Les termes d'*attribut*, d'*existence réelle*, ou *modifiée*, étaient les seuls convenables à y substituer, les seuls dûs au génie essentiellement grammatical de notre auteur. Il en était ainsi des autres parties du discours; mais, la routine, la rivalité blessée, la jalouse infériorité, n'ont pas permis cette utile réforme qui ne peut être donnée que par la main du temps.

L'abbé Barthélemy

Dans une visite de famille que fit à Cassis, Madame Barthélemy, née Magdeleine Rastid, elle mit au monde, le 20 janvier 1716, Jean-Jacques Barthélemy, dont les parents étaient établis à Aubagne depuis des siècles, en y tenant un rang distingué. Après le relevé des couches de sa mère, le jeune enfant fut amené à Aubagne, où il résida constamment jusqu'à l'âge de 29 ans, en 1745, époque de son départ pour la capitale. Né d'une mère sensible et spirituelle qu'il perdit à l'âge de 4 ans, le jeune Barthélemy donna dès sa plus tendre enfance des signes d'une intelligence remarquable. Sa grande sensibilité était mise à l'épreuve par son père. Tous les jours il le conduisait dans un endroit retiré, un bois, un rivage désert, un appartement isolé; là, il rappelait les vertus, les aimables qualités de sa tendre mère, et le père et l'enfant fondaient en larmes.

Il fut confié au collège de l'oratoire à Marseille, où tant d'illustrations s'étaient formées. Il s'y distingua au-dessus de tous ses condisciples dans les études des langues savantes, surtout du grec et de l'hébreu, pour lesquelles il était attaché, comme dans la latinité par un goût exclusif. Les langues anciennes sont la clef des sciences de l'antiquité.

Ces études de prédilection devaient l'entraîner au développement de l'archéologie et de l'art numismatique. Au sortir du collège, se livrant tout entier à son penchant, il refit ses études sur un plan que son seul génie lui avait tracé.

Il aimait la solitude, la belle propriété rurale et isolée de Linche ne voyait que quelques jeunes abbés, ses contemporains, il avait passé diacre comme eux, plus par raison d'état que par une volonté bien décidée. Il lisait jour et nuit et allait parfois à Marseille, converser avec ses anciens condisciples et les littérateurs du jour. Mais Aubagne, pays délicieux pour la vie bourgeoise et oisive n'a jamais fait grand cas des sujets livrés à l'étude et méditant dans le silence et la retraite. Dès qu'il avait reposé sa plume et son livre, Barthélemy n'était plus à son aise dans ce vide languissant; un mouvement intérieur le poussait hors de sa position. Ce malaise ajouté à une petite disgrâce qu'il éprouva et qu'il a soin de raconter lui-même dans les mémoires de sa vie, ayant aiguillonné sa modestie naturelle, il forma le projet d'aller se placer à Paris. A Paris! s'écria son père, toi, à Paris!!..... Ce père bon et riche bourgeois n'avait pu apprécier le mérite de son enfant qu'un voile épais de modestie enveloppait. Enfin, aidé par les secours généreux de son oncle paternel, muni de quelques lettres de recommandation, en particulier de celle de l'évêque d'Alais, que lui procura la maison de Bausset, l'une des plus distinguées de la ville; il partit d'Aubagne à l'âge de 29 ans.

Arrivé à Paris il fut employé comme simple copiste, dans le cabinet des médailles dirigé alors par M. Boze. Mais outre son travail obligatoire, il obéissait à sa passion, il travaillait pour lui; ses écrits sont appréciés; dix-huit mois après son arrivée dans la capitale il est nommé adjoint au cabinet de M. Boze, garde des médailles, il est reçu à l'académie des inscriptions et belles-lettres. En 1753, il succède à M. Boze. Le 25 août 1754, il reçoit la commission d'aller en Italie pour y compléter le vide des médailles. Il put en 1755, revoir sa famille à Aubagne; il arrive à Rome après avoir passé par Gênes, Bologne, Florence, aucun objet d'art n'échappe à ses observations : il va explorer les ruines de Pompeia et d'Herculanum, il se rend à Portici. Il est présenté à Benoît XIV. Le résultat de son travail fut 300 médailles dont quelques unes sont uniques et toutes précieuses.

A son retour à Paris, il lie amitié avec M. de Choiseul, depuis ministre du Roi ; il en est comblé de bienfaits. Il pouvait sur les 6,000 francs qui lui furent accordés pour gratification, se procurer la commodité du luxe ; il se priva de prendre un équipage ; Mais, disait-il, je trouve en mon chemin des gens de lettre à pied qui valent mieux que moi.

Il découvre l'alphabet de Palmyre : un passage de Saint Epiphane apprend que les Palmyriens avaient un alphabet de vingt-deux lettres et qu'ils parlaient la langue Syriaque. Barthélemy trouva toutes ces lettres sur les inscriptions publiées par Robert de Wood. Ces lettres étaient au nombre de treize et se trouvaient accompagnées d'autres correspondantes en grec, au moyen desquelles Barthélemy vint à bout d'expliquer les monuments de Palmyre. Il corrigea, ou suppléa le texte de plusieurs inscriptions. Celle de l'arc de triomphe de Sévère y est établie en son premier état, au moyen de la trace des crampons, ce qui n'avait pas encore été exécuté. Il s'amusa à composer une petit poëme intitulé *la Chanteloupée*.

SON ANACHARSIS

L'introduction lie le siècle de Périclès à celui d'Alexandre : c'est un abrégé historique d'un nouveau genre. Il donne à son sujet tout l'intérêt dont il est susceptible, par la manière de le présenter et par les réflexions qu'il en tire. Le portrait d'Homère est dicté par l'enthousiasme. Quelle chaleur il met dans sa narration en décrivant les journées du Marathon, des Thermopiles, de Salamine et de Platée ! Anacharsis voyage dans toutes les contrées de la Grèce ; il fait son séjour ordinaire à Athènes : partout il observe les mœurs, les usages, il converse avec les hommes célèbres, assiste aux jeux publics et à toutes les fêtes

religieuses, s'instruit de la forme et de la nature des gouverne-
ments, consacre ses loisirs à l'étude de l'esprit humain, il en suit
les progrès à l'école des philosophes, dans les bibliothèques, aux
représentations théâtrales; ainsi cet ouvrage nous représente sous
une forme dramatique et pittoresque l'histoire religieuse, civile,
littéraire et philosophique de la nation la plus éclairée de l'antiquité. Pour éviter la monotonie des récits, il introduit la correspondance par lettres de ses personnages. Nourri de la lecture
d'Homère, il imite ce poète, tantôt comme Platon, par les grâces
et l'harmonie, tantôt comme Hérodote par la magie du coloris et
les charmes de la narration.

C'est avec le même succès qu'il fait expliquer par le grand-
prêtre de Cérès les divers sentiments des anciens philosophes sur
les causes premières. Il a semé avec beaucoup de goût et de discer-
nement leurs portraits, et souvent il fait contraster fort heureusement leurs caractères, comme la modestie de Phocien et l'effron-
terie de Diogène. A l'histoire de la philosophie et de la législation
tient celle des arts et de la littérature. Il introduit quelques fois
des dialogues piquants et d'une idée toute nouvelle, celui du
Sophiste Phylodore et du Rhéteur Léon, sur les moyens et le but
de l'éloquence.

On ne peut se lasser d'admirer ce coup de maître ainsi que le
morceau sur la mort de Socrate. 20,000 citations citées cons-
ciencieusement en marge de ce grand ouvrage, effrayant d'érudition, sont fondues et adaptées dans les articles qui paraissaient
impropres à les recevoir, et qui en forment la force et le charme
par l'art infini avec lequel ils sont adaptés.

Mais quel autre Orphée, quelle voix harmonieuse a rassemblé
les pièces éparses de ces murs autrefois bâtis par la main des
dieux? Tous les édifices sont relevés sur leurs fondements, toutes

les colonnes sur leurs bases, toutes les statues sur leurs piédes-
taux, et dans cette création récente le plus aimable des peuples
a retrouvé ses cités, ses lois, ses usages, ses travaux, ses occupations et ses fêtes. Argos, Corinthe, Sparte, Athènes et mille
autres villes disparues, sont repeuplées ; sont ouverts à nos
yeux, les temples, les théâtres, les gymnasses, les académies,
les édifices publics, jusqu'aux maisons particulières, aux réduits
les plus intérieurs ; nous sommes admis dans les assemblées, dans
les corps, dans les écoles, assis à leurs repas ; nous assistons à
tous les jeux, à toutes les cérémonies, nous participons à toutes
les délibérations, à tous les intérêts, on nous initie à tous les
mystères, on nous rend confidents de toutes les pensées, et jamais
les grecs n'ont aussi bien connu la Grèce, jamais ils ne se sont
aussi bien connus entr'eux qu'Anacharsis ne nous les a fait connaître.

Si personne n'a eu des connaissances numismatiques plus éten-
dues que Barthélemy, il faut l'avouer, personne n'eut autant que
lui de moyen pour les acquérir. Plus de 400,000 médailles
avaient passé sous ses yeux. Il augmenta considérablement cette
collection du cabinet par des acquisitions qu'il s'empressa de
faire. Aussi le cabinet de Paris est aujourd'hui le plus riche et
le plus curieux de l'Europe.

Il fournit un grand nombre d'articles au journal des savants.
Quelques-uns sont des modèles de goût et de critique, et on les
lit souvent avec plus de fruit que les ouvrages mêmes dont ils
rendent un compte fidèle.

Il aimait beaucoup le journal de la langue française publié par
Domergue, il fesait cas de son autorité et le consultait quelquefois sur des questions douteuses. Voyez l'article de ce journal
intitulé *le hangard et l'hangard.*

Une qualité distingue Barthélemy des autres auteurs : il est le plus élégant des érudits : Saumoise, Huet, Fréret et tant d'autres profonds antiquaires ont pu rivaliser avec lui dans le genre archéologique et numismatique; mais aucun jusqu'à lui n'a pu, dans le même genre, l'égaler par la souplesse d'un style qui s'identifie à tous les sujets, qui, des charmes gracieux d'une description champêtre, s'élève aux mouvements les plus intimes du cœur, et s'élance dans la sphère de l'imagination qu'il agrandit par des idées nouvelles, en lui créant un aspect imposant.

Délos ! Quelle élévation dans les discours sortis de la bouche de Platon, au cap Sunéum ! Dans le triomphe de Diagoras, porté sur le pavois par ses trois fils, vainqueurs dans les jeux olympiques, aux yeux de toute la Grèce assemblée applaudissant à la grandeur d'un spectacle aussi extraordinaire ! Quelle hardiesse frappante caractérise Démosthènes, maîtrisant l'âme de ses concitoyens ! Quel ton de supériorité dans les leçons de Socrate, dans la législation de Solon ! Quelle savante insinuation dans l'enseignement d'Aristote ! dans les préceptes des sept sages ! Quelle rapidité de dévouement dans les actes des héros ! Quelle louable prudence dans les ordres des chefs ! Quelle expression d'ardent patriotisme parmi tout le peuple, dans les assemblées, dans les combats, dans les jeux; dans les solennités religieuses, jusques dans l'isolement de la vie privée.

Oui sa prédilection marquée pour les Lacédémoniens sur les Athéniens, transporte notre auteur au rang suprême des sages de tous les siècles. Quoi de plus généreux, de disculper le peuple de Sparte des reproches qu'on lui a fait de tous temps. Barthélemy semble faire de nouvelles découvertes dans cette matière déjà épuisée. Jamais Licurgue n'eut un plus habile apologiste.

Barthélemy fut reçu à l'académie française le 25 août 1789;

dans la Révolution il perdit 25,000 fr. de rente et se voyait réduit au plus étroit nécessaire. Il fut exposé encore à périr sur un échafaud, cependant sa réputation le sauva; il fut conduit aux Madelonettes et reçu avec respect par les autres prisonniers. Mais seize heures après il fut rendu à la liberté. Pour réparer cet outrage fait à l'auteur d'*Anacharsis*, le ministre vint lui offrir la place de directeur de la bibliothèque, mais il refusa s'excusant sur son grand âge et ses infirmités. Il fut témoin de l'horrible catastrophe de ses meilleurs amis. Alors se fit en lui un changement remarquable : désennivré de la gloire il ne s'embarassa plus de l'avenir ; il s'indignait contre le genre humain; il gémissait sur la méchanceté des hommes.

Il mourut le 30 avril 1795, entre les bras de son bien-aimé neveu, l'abbé de Courçai; depuis trois mois et demi il était entré dans sa 80e année.

L'*Anacharsis* fut desuite traduit dans les principales langues de l'Europe et même en Amérique. Son auteur répétait souvent ces mots : « Le succés a dépassé mon espérance.

ÉPILOGUE

Dans les mouvements de décadence où notre humble cité va s'inclinant depuis la trop fameuse époque de 89, la providence a jeté un germe de réorganisation dans la destinée de la fille aînée de Massilie, de la sœur de Rome, de l'Athènes des Gaules.

Nous avons vu s'éteindre et disparaître les principales familles qui fesaient l'ornement du pays; deux de ces notables maisons qui ont le plus contribué à sa renommée, par les lumières, les vertus, et l'élévation du rang ont transmis la gloire de leur nom et la hauteur de leur position à la magnificence et aux mérites éminents de deux membres d'une famille si connue dans la province et par de là, par tant de vertus et de moyens de les exercer!. Qui mieux que deux frères issus du noble sang des Sauvaire, pouvait aussi dignement faire revivre les deux célèbres familles Barthélemy et Jourdan et nous consoler de leur vide désolant! Les faits mémorables du passé parlent déjà suffisamment à l'avantage de cette transformation personnelle, et l'avenir se lève pour nous assurer la régénération de la cité et le rétablissement de ce qui en fesait un pays de délices et le modèle des cités environnantes.

TABLE

———

www.ingramcontent.com/pod-product-compliance
Lightning Source LLC
Chambersburg PA
CBHW051729090426
42738CB00010B/2166